北京语言大学国情教育系列丛书

构建人类命运共同体的名家视角

丁文阁 ◎ 主编

VIRTUOSO'S PERSPECTIVES ON CONSTRUCTING A COMMUNITY OF SHARED FUTURE FOR MANKIND

时 事 出 版 社
北京

图书在版编目（CIP）数据

构建人类命运共同体的名家视角／丁文阁主编．
—北京：时事出版社，2018.4
ISBN 978-7-5195-0206-5

Ⅰ.①构…　Ⅱ.①丁…　Ⅲ.①中外关系—文集
Ⅳ.①D822－53

中国版本图书馆 CIP 数据核字（2018）第 053038 号

出 版 发 行：时事出版社
地　　　　址：北京市海淀区万寿寺甲 2 号
邮　　　　编：100081
发 行 热 线：（010）88547590　88547591
读者服务部：（010）88547595
传　　　　真：（010）88547592
电 子 邮 箱：shishichubanshe@sina.com
网　　　　址：www.shishishe.com
印　　　　刷：北京建宏印刷有限公司

开本：787×1092　1/16　印张：14　字数：200 千字
2018 年 4 月第 1 版　2018 年 4 月第 1 次印刷
定价：88.00 元

（如有印装质量问题，请与本社发行部联系调换）

北京市委教育工作委员会首都大学生思想政治教育研究中心重点课题"中外学生趋同化管理中思想政治教育主导性作用研究"最终成果，项目编号：BJSZ2015ZD04

北京高校中国特色社会主义理论研究协同创新中心的阶段性成果

序言
Preface

　　北京语言大学是目前国内国际学生数量最多、在校比例最高、生源国最广的国际型大学，素有"小联合国"的美誉。来自世界各地的万余名中外学生同处一个校园，各种语言、文化、思想碰撞交融，各美其美，美美与共，形成了国内高校罕有的校园文化。在这种多元文化背景下，北语人不忘初心，砥砺前行，通过多种方式传播中国优秀传统文化，展现当代中国风貌，把学校打造成为塑造国家形象的重要平台。

　　作为汉语国际教育的领头羊，北京语言大学积极创新以语言教育为载体的文化传播理念，不断建立健全培养知华友华国际人士的长效机制，对接国家发展战略，探索面向国际学生以语言教育为工具、以文化交流为渠道、以知华友华为归宿的中国国情教育模式，让国际学生"认识中国""了解中国"并最终"热爱中国"。"'中国道路'大讲堂"高端系列讲座的举办就是基于这一理念的一种有效尝试。

2015年6月开始，北京语言大学面向中高层次国际学生开设"'中国道路'大讲堂"高端系列讲座，旨在"向世界讲好中国故事，让世界了解现代中国"。大讲堂聘请国内外知名专家，全方位扫描中国社会的发展变迁，展示中国积极参与国际事务，与世界各国合作共赢的大国形象，揭示人类文明发展的多样性，阐发中国独特的发展道路所具有的普遍价值及其对世界的一般意义。迄今为止，讲座已举办12期，主讲嘉宾包括知名学者、智库领导、资深外交官、国际公务员和著名作家。一次次有深度、有情怀的讲座，多视角展现了中国特色社会主义的道路自信、理论自信、制度自信、文化自信，体现了中国将自身发展同世界发展相统一的全球视野、世界胸怀和大国担当。在2018新年之际，我们慧海拾贝，以《构建人类命运共同体的名家视角》结集出版为契机，将嘉宾的讲座呈献给广大读者，展示北京语言大学加强国际学生国情教育的阶段性成果，并以这种方式表达对各位嘉宾的敬意和对一代代北语人的礼赞。

2017年10月胜利召开的党的十九大，做出了中国特色社会主义进入了新时代的重大政治判断。习近平总书记在十九大报告中提出，坚持和平发展道路，推动构建人类命运共同体。站在推动人类文明发展的高度，中国道路的成功不仅体现在国内政治、经济、文化、社会、生态等方面的发展及国家综合实力的提升上，还为发展中国家立足自身实际、寻找适合自己的发展道路提供了全新借鉴，为解决人类面临的共同问题贡献了中国智慧和中国方案。

  2018年，我们将以习近平新时代中国特色社会主义思想为指导，全面贯彻落实党的十九大精神，继续办好"'中国道路'大讲堂"高端系列讲座，阐释中国理念，传播中国声音，讲好中国故事，为拓展汉语国际教育内涵，培养更多知华友华的国际人士做出更大贡献！

倪海东

北京语言大学党委书记

2018年1月24日

目录
contents

001/第一讲　战略转型期的中国外交战略规划　　　　王　帆
022/第二讲　中国道路的历史渊源与全球意义　　　　王义桅
047/第三讲　跨文化交流中的中国故事　　　　　　　阮宗泽
074/第四讲　全球视野中的中国道路　　　　　　　　孔根红
092/第五讲　世界历史视野下的中国道路　　　　　　苏长和
095/第六讲　和合主义与中国道路　　　　　　　　　余潇枫
114/第七讲　中美战略竞争趋势及其对亚太地区的影响　阎学通
129/第八讲　提高公共教育服务质量　促进全民学习　肖丽萍
145/第九讲　一个大使的成长与思考　　　　　　　　王嵎生
157/第十讲　全球格局的变化趋势　　　　　　　　　王逸舟
181/第十一讲　新时代的国际关系研究与写作　　　　陈志瑞
184/第十二讲　中国创造与文化自信　　　　　　　　赵晏彪

212/后记

第一讲

战略转型期的中国外交战略规划

— 王帆 —

同学们好！很高兴有机会来北京语言大学交流。我今天讲座的题目是"战略转型期的中国外交战略规划"。

中共十八大报告中提出，国际格局处于转型期之中。伴随着国际格局的转型和自身实力的变化，中国外交也处于战略转型的进程中。那么，战略转型期的特点是什么？中国外交转型的战略目标、任务有什么变化？如何更好地规划转型期的中国外交战略？这些都是需要探讨的问题，今天我就这些问题和大家做一下交流。

一

"转型期"概念界定及其一般特点

国际格局自冷战后出现转型期。所谓"转型期"，就是指国际格局出现结构性变化之后，始终没有相对定型和固化，而是一直处于不断变化与调整之中。旧的力量平衡被打破，而新的力量平衡尚未形成，世界继续向着不确定的方向变化发展。我们处在这样一个历史拐点：国际关系正在经历二战结束以来最深刻的转变。但这显然是指进行的过程，而非结果。

转型期一般而言

具有以下几方面的特点。第一，时间跨度较长。阶段性变化虽然周期缩短，但结构性变化仍然处于波动起伏之中。冷战结束以来，国际格局出现了几次大的转变：从冷战结束时的大变局到20世纪末；2001年"9·11"事件导致国际安全形势大变，反恐成为时代主题，大国安全协调得到提升；2008年金融危机至今，金融危机具有全球影响，而且金融动荡、体系变革、力量对比调整相互交织，世界格局和国际形势的演变在加速。从时间段来分析，1989年到2001年为12年，而2001年到2008年则为7年，较之20世纪约30年为一周期，具有重大影响的突发事件的爆发周期在缩短，且呈现不均衡的周期变化。

第二，大国关系趋势性紧张。从历史上看，转型期通常伴随着大国关系紧张和热点升温，正如江泽民同志指出的："这几次世界格局的形成和演变有一个鲜明的特点，就是国际局势和大国关系都处于相当紧张和尖锐对峙的态势。"但是随着时代的变化，兼之相互依存和核威慑平衡的制约，大国关系也显现出不同的表现态势。比如，虽然中美关系在一定程度上趋于紧张，但并非失控。

第三，内部转型与外部转型同步。转型期的变化还涉及各国社会内部的变化，从各国国内的形势看，无论是发展中国家还是发达国家，都同样面临失业、贫富分化加大等问题，缩小贫富差距对它们而言都是一个严峻的时代课题。无论是发展中国家还是发达国家，都面临新的社会经济转型和变革，国内转型引发的矛盾很可能外溢到国际转型进程中，增加国际转型的复杂性。这种转型也包括亚太地区各国的国内经济转型。

第四，转型期与复杂性不断增加相伴。在转型变化过程中，各国加强了政策调整力度，试图脱颖而出。全球治理的议题不断丰富，治理要求普遍提升，治理方式成为国际政治新的课题。

从国际事件的特性来看，矛盾复杂交织，行为体多元化，不确定因素增多。"复杂性"成为认识全球化时代和多极化世界国家间政治经济关系的最重要概念。它包含前所未有的多元性、多样性、相互关联性、模糊性、不确定性和未知因素。自然生态带来的安全隐患危害十分严重。地球生态持续恶化，自然危机正向社会危机演化；自然生态政治和地球政治生态的分量上升，许多问题已经超出了全球政治。随着海洋工业文明时代的来临、能源需求的急剧上升，海上争端将会加剧。未来的海上争端具有多重含义：既是商业之争、能源之争，也有可能被一些国家视为地缘战略和政治权力之争。安全挑战的多元性与复杂性形成了新的难题：一些原本不相关的问题同步出现，复杂交汇。比如，国际金融危机出现后，一些国家试图转嫁危机，于是挑起安全事端，导致热点升温。西亚北非的动荡变数大、风险高，有可能引发新的地缘政治变局。显然，国际形势发展变化的无序性增大，不是所有事物都有规律可循。

总之，转型期作为一个特殊时期必然会有更多不确定性因素，其所涉及的权力分布、利益分布和观念分布将会带来新的组合、新的发展趋势、新的不确定性和可能性。这是一个我们必须认识到的较长时期的现实。转型期的大国关系，尤其是围绕着利益、国际影响力、国际组织、国际热点的争夺必然会加剧。同时，由于国际社会包括亚太地区多数国家都采取全方位外交，紧张局势下的国家关系组合将更为复杂多变。周边关系与大国关系复杂联动。因而，转型期的中国外交面临着更大的不确定性和偶然性，特定危机爆发的风险更高，但也存在重塑自身地位和国际形势的机遇。转型期是否仍是中国的战略机遇期，或是更好的战略机遇期，取决于我们的认识和把握能力。

转型期中国外交战略面临的挑战及目标定位

当前国际格局处于战略转型期，而中国外交也处于战略转型期，从某种意义上看，国际格局的战略转型与中国外交的战略转型是同步的、一致的。国际格局转型客观上也在促使中国外交进行调整。实际上，改革开放以来，中国一直面临来自内外部的压力和挑战，主要包括两个方面：崛起难题和发展难题。这两大困境将长期与转型期相伴，而且伴随着转型期的到来，这些挑战可能引发的风险也在加大。

（一）崛起难题凸显

崛起困境最大的问题在于能否实现和平崛起，如何实现和平崛起，以及能否摆脱和避免任何非和平的崛起方式和路径。

维护领土完整与国家统一的问题构成了中国崛起的战略困局之一。从历史上看，大国崛起的一个前提条件是国家实现统一。国家统一是崛起的基础，只有实现国家统一才能为崛起创造有利的环境，充分激发民族的潜力和动力。但是，中国的统一必须涉及武统或和统两种选择，客观上不能排除武力解决的方案。这就使得外部力量的干预包括对台军售等成为中国统一问题上的重大难题。

维护领土完整是另一个更为重大的课题。近些年，"藏独""疆独"势力在外部势力的支持下十分活跃，导致国内领土被境外势力分裂的可能性增大。此外，中国还需要破解海洋领土争端困局。中国不希望用武力解决海洋争端，武力解决对和平战略与和平发展会带来致命伤，又必然涉及相关方的武力升级和军备竞赛。一旦实施武力或武力威胁解决争端，中国追求和平发展的国家形象将严重受挫，丧失他国信任。但是，主张和平方式又被一些国家视为中国不敢使用武力解决争端，从而出现率先下手打破现状的动向，对中国的慎武战略与和平崛起构成新的挑战。除了中国自身的统一问题外，周边邻国的统一或分裂问题也对中国安全造成直接或间接的影响。

所以，归纳起来，中国不得不面对的威胁源主要包括：一是从国内稳定和发展而言：民族分裂和统一的风险与代价，以建立公平社会为目标的结构转型的潜在风险；二是与大国可能发生的冲突及其代价：直接冲突与间接冲突，涉及中美、中日、中印等大国关系；三是与其他国家可能发生的冲突及代价：在一定程度上，中国与周边邻国发生冲突的可能性甚至大于中国与域外或域内大国发生冲突的可能性。当然，中国与周边邻国的冲突又不可避免地与大国直接或间接的冲突连在一起。由这类冲突引发的危机更易发生、更为复杂，解决难度也更加巨大。

（二）发展难题严峻

中国面临发展速度太快而老牌国家发展速度减慢之间的矛盾，中国的规模发展也有可能挤占现有自然资源配置和发展空间，进而与一些国家力图维护现有政治经济格局产生矛盾。

对于中国自身发展而言，除了解决高速增长伴生的高能耗、高成本以及环境代价之外，还需要解决能源依赖的困局，从战略高度解决对外依存与自主性的关系。发展的难题还涉及如何解决发展安全的问题。中国必须拥有其内外发展必不可少的合理的安全保障能力，而又不至于让人产生对他国构成战略威胁的错觉。

中国必须更深、更全面地融入现有国际体系，并承担相应的国际责任。同时，中国在现有体系中的行动，也必须接受体系的制约、监督和限制。这带来了中国与现有体系更加复杂，也更难以把握的相互依存问题，给中国的安全环境带来了新的风险和机遇。处理好这一双向互动关系，将使中国的安全环境获得更大范围的保障。

（三）国家战略目标

为了破解崛起和发展两大难题，我们必须把转型期战略目标的调整与重新设定连在一起。换句话说，转型期战略目标的设定必须从总体上涵盖两大难题的解决过程。中国转型期的战略目标是实现中国由地区大国向具有全球影响力的地区强国的转变。具体而言，就是在经济上成为全球性的经济大国，在地区安全事务上具有举足轻重的地位，在全球事务上拥有重要影响力。总之，中国应该成为一个具有全球影响力的地区性大国。中国如果实现了由地区性大国向具有全球影响力的地区性强国的转变，也就能较好地解决崛起与发展两大难题。

基于以上分析，围绕崛起与发展两大难题的解决，中国转型外交战略需要努力维护与实现的目标如下：一是维护国家稳定，防范内外部因素破坏；二是捍卫主权与领土完整；三是维护和拓展能源经济生命线，开拓能源多样化来源；四是维护地区稳定和全球秩序；五是为全球贸易和经济建设服务。这五大目标的基本排序是：国家主权与国家稳定、地缘政治利益、国际地位、国际影响力。中国转型期的战略目标不能仅局限于主权与领土等问题，而是要适时合理地向扩大国际影响力转变。

在转型期内，需要特别强调：一是与政治安全相关的国土安全、国家统一和周边安全问题。其关键是塑造周边和平环境，防止任何国家对中国及周边环境的破坏，化解敌对和对抗的国家和势力，反对极端主义分裂势力。二是与经济发展密切相关的能源开发和海上通道问题，强化国防保障能力和反干涉能力，防止周边出现与中国对抗的国家。

为了有力打破崛起困局和发展困局，战略转型期还需要重点拓展那些前沿性的、能够推动经济和国家实力强劲增长的领域和因素，比如软实力、新能源、外太空、网络空间、海洋和极地等。

三

转型期中国外交战略规划

基于转型期中国外交所面临的挑战与目标定位，我们必须进一步明确应对挑战、实现目标的战略规划。

（一）以往战略规划存在的问题

总体而言，在战略制定与战略实施问题上，以往中国对外战略主要存在两大问题。

1. 整体性不足

首先是全局视野不够，缺少大局观，这与中国国家利益在世界范围内不断拓展的发展现实不符，也与中国成为具有全球性影响大国的总目标存在差距。从中国与外部世界的关系变化来看，当今中国与世界的联系广泛而紧密，中国与国际体系的依存关系更为深厚，中国与许多国家都建立了涉及众多领域的战略伙伴关系。随着中国对外开放的发展，中国融入国际体系的进程还会进一步深化。而从整体上看，中国在利益拓展的同时所面临的系统风险也是前所未有的，一旦系统的某个环节出现问题，导致系统失灵，中国所要承受的代价也会急剧加大。由此，中国对外战略规划必须具有更强的整体性与系统性。

其次是协调不力，有机性不强。其实这也是缺乏整体性的表现。中国即使有整体布局，在实施的过程中却是条块分割的，有整体但构成整体的部分之间有机性不足，部门之间的协作配合，统筹性、综合性滞后，导致战略执行各行其是。由于缺乏对指向性威胁的明确共识，各部门往往强调部门威胁至上，所以中国战略规划无论是理念上还是实施上都存在一些不足，有些战略在实施过程中前后脱节，直接影响到战略规划的协调和执行。各个部门均十分看重当前绩效，这往往导致对当前事务的关注远远大于中长期规划，中长期规划无法得到积极支持。同时，中国外交外事部门缺乏具有指导地位的战略决策机构，国际国内协调能力和管理能力均无法满足战略规划的需要，无法产生更有力的引导和牵动作用。

再次是内外互动不均衡。虽然强调国内国际两个大局的互动配合，但基本上还是以国内影响国际，无论是形势判断还是政策实施，对外战略的服务与从属地位没有实质改变，形成不对称互动。这与国际形势更加深刻地影响国内经济社会稳定的二元互动现实不符。

2. 灵活性不足

无论是从制度还是战略应对而言，中国均受制于庞大复杂的决策过程，既缺少充足的战略预案，在实施过程中又受到各方的牵制与掣肘，导致掉头、转身、调整都相对迟缓，而且责任不明。

受传统的不干涉内政原则的约束，中国的海外利益扩展也面临越来越紧迫的挑战。对外能源依赖、对海上供应链和运输线的倚重也限制着中国对外战略的选项。此外，恐怖主义与分裂势力结合、跨国网络技术渗透，都导致中国面临前所未有的新的风险。总之，形势日趋复杂，威胁更加多元化，而战略规划的包容性和灵活应对的方案明显不足。

转型期的战略强调变化而不是固守，是可持续发展。对形势变化必须有效及时地跟进和调整。这其中既要有对长期战略指导原则的战略耐心，也要有灵活性。

（二）中国外交战略规划的基本原则

中国转型期战略的和平属性没有改变，也不会改变。这就要求我们在战略规划过程中把握好与其他国家的互动关系，审慎处理各种突发事件和热点问题，强调针对共同威胁的合作。

1. 战略规划的总体思路

（1）必须强调和平、合作与发展的总体指导原则。中国的和平战略实际上涉及几个大的方面：和平统一、和平解决争端、和平发展壮大。而和平发展战略要求我们注意两个方面的问题。

首先，基于发展制定战略。基于威胁制定战略与基于发展制定战略差别巨大。一般而言，基于发展制定的战略高于基于威胁制定的战略。基于威胁仅限于政治安全，而基于发展更为综合。如果是基于威胁制定的战略，则体现为反围堵战略，集中于解决如何减少被联合围堵的可能性。显然，中国的和平发展战略是基于发展的综合战略。

其次，基于共同威胁制定的战略与基于国别威胁制定的战略也有所不同。中国的和平合作理论与历史上其他一些大国的理论根本不同，中国不是把国别威胁放在首位，而是把共同威胁或人类面临的重大威胁置于首位，把他国与中国置于一个共同的整体之中。正因如此，中国与他国共同协作的合作战略才能得以实施。

中国转型期外交战略要想取得重大推进，就必须关涉全局，着意高远，层次突出。把共同威胁而不是国别威胁作为制定转型期战略针对的威胁源，将可能极大地化解我们所面临的崛起困境，也将从根本上明确我们的和平发展方向。

（2）强调与国际社会的良性互动。中国的转型期战略是发展过程和壮大过程的战略，是由规模大国向质量强国转变的战略，也是中国从边缘向中心的转进过程。如何让原本占据中心位置的国家接纳中国是一个重要课题。从国际层面看，就是中国不断内部壮大、向外发展、内外兼修的过程，内部壮大与向外发展两者是有机整体，互相作用，也就是说改革必须与开放连在一起。而向外发展的过程对于国际社会的影响具有两面性，既可能带去福音，也可能带去竞争压力。只有坚定地把握互利共赢，才能趋利避害，被国际社会所接受、认可。

（3）必须把握好稳定与求进的平衡。转型期战略需要更加注重稳定与作为的关系。有守有为，有进有退，适当适时向有所作为转变。对于转型期的中国外交战略而言，适度与平衡是战略规划的关键，既要积极解决问题、化解危机，又要注意适可而止、量力而行。"中国大战略的目标是，既增加中国的国际影响，又不至于触发'抵衡反应'（counterbalancing reaction）。"

改革开放以来，中国的对外安全战略一直在谋求一种相对周全的设计：既要防核扩散，又要保障地区稳定；既要捍卫核心利益，又要维护合作大局；既要避免因领土争端而出现局部战争，又要有效、合理地控制危机；既要谋求真正的伙伴合作，加强合作的针对性，又要不影响与其他国家的合作，兼顾非排他性。在许多重大问题上，中国都需要把握平衡与分寸。应该说，这些方面的努力取得了显著成效，但仍需进一步完善，更需强有力的制度保障。

（4）协调好自身实力和与之相应的国际责任之间的关系。在中国发展壮大的国际进程中，中国已由是否承担国际责任向如何承担国际责任的转型战略转变。尽什么责任、如何尽责任，以及在全球公共物品的哪些领域我们可以提供更多的公共产品，已经成为日益迫切的、不可回避的议题。从现阶段及未来的发展进程看，中国可以在维和、救灾、国际发展援助、公共基础设施建设、更加公平合理的国际规则制定、国际伦理导向等方面发挥更加积极的作用。

2. 转型期战略规划的基本构想

综上所述，转型期的中国战略规划一定要有配套的层次递进、相互关联的设计，要兼顾平衡，规避风险，保持独立性，避免过于依赖外部国际因素。既要重点突出，以点带面；也要统筹兼顾、综合平衡、取舍得当，考虑各种因素、各种利益的互动。换句话说，中国转型期战略规划必须强调整体性、系统性、协调性尤其是协同性，进行复杂系统的综合梳理，强化配套的、联系的、有层次的精心设计。

从战略规划的基本构想来看，必须兼具广阔的视野，突出战略重点，同时赋予切实可行的战略手段和实施路径。

美国的冷战战略是美国由地区向全球大国的转型战略。美国外交家乔治·凯南在谋划这一战略时，跳出地区性大国的视野，首次从全球地缘政治的整体角度审视世界力量的变迁，以气候条件、工业实力条件、人口和传统条件等因素为依据，提出了五大力量为主要目标的构想，强调美国在世界事务中的主要利益在于保障任何其他力量中心不沦于敌对者手中。同时，他更进一步明确了工业、原料和防务所需通道的重要性，"在国际舞台上存在的各类权能中间，工业—军事权能是最危险的，因此主要的着重点应当放在对它保持控制上面。凯南还指出，因为能力有限，所以必须确定利益的轻重缓急次序"。

凯南的冷战战略规划以非直接军事冲突为前提，深刻分析了苏联这个潜在对手的性质和特点，然后制定了击败苏联的和平遏制战略——军事上建立联盟组织，经济上实施援助苏联的经济竞争对手的"马歇尔计划"，并以西德作为前沿和突破口，从而实现了化敌为友和对欧洲的控制，这对于美国稳定战后势力范围和欧洲的政治划分无疑具有重要意义。但这一战略是基于权力政治逻辑的典型的霸权战略，加剧了国际政治的对抗与对立。

确定战略重点和基本原则后，在实施手段上，美国的冷战战略特别注重联盟战略。美国自二战后实施了新的全球战略，一直将联盟战略作为对外战略的重要支柱之一。经过多年的建设，美国建立了覆盖全球、涵盖世界主要发达国家的联盟网络体系，为其协作防御、分担责任、实现地区均势制衡发挥了突出作用。可以说，联盟伙伴是美国完成霸权护持的基础保障。美国的霸权战略与联盟战略在政治逻辑上是相互匹配的。

冷战后，利用作为独家霸权的战略时机，美国仍然强调全球大棋局的战略理念，延续了其实施的新的转型部署。其主要战略思路如下：一是地缘战略。以欧亚中心地带、边缘地带为战略重点，并以能源为主要考量，把中东和欧亚软腹地带的中亚作为着力点，预防欧亚大陆出现挑战性力量或力量联盟，控制全球各地重要战略资源。二是均势战略。均势战略与联盟战略相关，联盟战略又以制造危机、利用危机作为联盟凝聚的驱动力。地缘战略、均势战略和联盟战略密切配合，以地缘战略为重点，以均势战略和联盟战略为主要方式。自冷战至今，美国的这两个战略思路贯穿始终。

中国的和平发展战略与美国霸权战略有着根本不同，但基于国家实力的变化和战略目标而规划对外战略则是通行做法。

首先，对中国外交战略而言，基于总体指导原则，在战略制定中要在新的全球战略视野下实施更大范围的战略覆盖，实现更加广泛而有效的战略抵达和战略平衡能力——关键时刻能对可能出现的破坏世界和平稳定的组织或势力施加战略压力和保持抑制力。中国的对外战略与美国有本质的不同，中国谋求的不是霸权战略，而是和平合作战略。中国作为世界第二大经济体，经济合作遍布世界各地，国家利益不断拓展，同时也在遭受来自传统与非传统安全问题的各种挑战。因此，必须具有更为有效的战略维护能力，既突出战略着点力的建设，同时管控战略要冲，积极参与国际危机热点的解决。

其次，以新型合作关系作为战略实施的主要手段。中国坚持不结盟战略，不搞以联盟和霸权为目标的均势战略，但必须加强战略合作伙伴的选择、培养与巩固，必须在多边合作平台形成一些新的关系组合，如在上海合作组织、二十国集团（G20）平台强化功能性合作。同时，中国的战略伙伴相对松散，不像联盟合作那样具有有机性，而且往往针对不同的目标，很难形成面对共同威胁的合力。因此，必须加强战略伙伴之间的协同性。在战略伙伴的选择中，既要强强联手，也要强弱互补，尽可能不以强化某种组合而牺牲其他联合与合作为代价。

再次，必须进一步明确中国地缘战略转变的阶段性划分。中国由弱国向强国的战略转型过程应有三个阶段：第一阶段重点实施地区战略，也就是传统的周边战略；第二阶段是大周边战略，向传统周边的外围延伸，包括太平洋和印度洋的两洋战略，西向以中亚中东为外径、东向跨太平洋向拉美延伸的海陆战略；第三阶段为全球战略，全球战略并非霸权战略，而是更加注重地区战略与远洋战略的统筹平衡，更加注重欧亚大陆和海洋战略的相互结合。当前仍是重点实施地区战略的阶段，关键是营造和保持周边稳定与发展的态势，避免危机升级，避免大战爆发。当然，在实施地区战略的同时，也需要大国综合平衡的保障，需要其他地区战略相互配合、相互补充。随着战略转型期的深入，中国应进一步由防御性地区战略向大周边战略转变。

根据自身实力制定对外战略，把握阶段性目标和时机，对于中国外交战略规划至关重要。超越阶段的冒进与没有适时完成任务所造成的问题同样严重。尤其是中国实力处于由地区大国向地区强国的转型期内，将强未强之际，必须切实避免战略上的冒进，避免他国设下的可能导致中国冒进的陷阱。从战略的角度看，苏联的对外战略由于片面追求军事实力，制定了不符合国家利益的与美国争霸的目标，并且毫无节制地实施对外扩张，终于导致苏联的解体。这一教训十分深刻。

（三）外交战略规划的关键环节

针对转型期国际形势的复杂变化，中国实施积极外交战略必须思虑周全、有所侧重、抓大放小、把握关键、抢占先机、谋取主动。

1. 借势、用势和谋势

及时敏锐地利用力量对比或关系变化的有利形势，创造和把握时机。所谓"势"，主要有两层含义：一是指静态的总体格局，即局势、形势、气势；二是指动态的主流趋向，即情势、态势、趋势。静态之势蕴涵动态之势。势既表现为事物发展的客观规律性，又体现为行为体施加控制的主观能动性。在中国文化中，势向来被看做决定成败胜负的关键。

战略实施的关键之一在于谁更善于借势和用势。"故善战者，求之于势，不责于人，故能择人而任势"，"故善战人之势，如转圆石于千仞之山者，势也"。要善于借力借势，借船下海，借鸡生蛋，虚实结合。正所谓"借局布势，力小势大。鸿渐于陆，其羽可用为仪也"。在借势的过程中，经济全球化和相互依赖是可资利用和充分利用的趋势，"控制相互依赖关系是美国投入资源争取国际领导权力的主要原因，也是新战略的核心"。

政治家既要善于利用局势，也要善于谋势。中国围棋体现的思想是不计较一兵一卒，讲整体，重大势。中国外交强调谋势，谋格局之长远，而不争一时之胜负。造势而起，趋势而发，顺势而为。

战略规划也要注意谋势的设计。顺势而为重要，造势谋势则是更高境界。谋势的关键就是抢占战略制高点，推动有利于自身发展的环境建设、机制建设。比如，在进一步融入国际体系的同时改善现有国际体系，把不断扩大的国际影响力转变为解决问题的战略能力。

2. 制度与规则建设

正如有论者所言："现在，实力的定义是在国际竞争中一个或数个领域中，控制规则的能力。"一个国家文化的普世性以及设置一系列有利于自身且能够主导国际活动领域的规则和制度的能力是权力的重要来源。外交战略规划也应包括软实力发展的规划，充分强调无形战略元素的重要性。在国际社会中，一个国家所能拥有的国际地位与其战略目标的实现之间有着必然的联系，国际地位与国际影响力密切相关，一国国际影响力的强弱则突出体现在对国际体系中的规则制定能力上。

规则制定能力对于形成战略能力是十分重要的，在国际机制的规则制定上发挥更大作用，不仅有助于自身利益的追求，也有助于形成他国对本国的理解和认同，形成更加有利的互助合作模式。

从历史上看，美国大国地位的形成与发展与其在国际秩序中的规则制定和控制能力密切相关。二战后美国主要依据两大支柱来行使霸权：其一是安全领域的联合国，其二是经济领域的世界银行、国际货币基金组织和世界贸易组织，通过它们形成了以制度为基础的"制度霸权"。这区别于以往靠枪炮打开世界的"炮舰外交"，制度霸权依靠的是软性手段，更具有渗透性和持续性。美国的霸权有两个基础：一个是其国内基础，即自身的政治、经济、军事、科技和文化实力；另一个是国际基础，即正如美国著名地缘战略理论家布热津斯基所说的，"美国的全球力量是通过一个明显的由美国设计的全球体系来发挥的"。从这个意义上说，美国的霸权表现为由其主导培育的一系列国际合作及其相关机制，如美国主导建立的全球联盟体系、以美元为主的全球货币体系。"美国帮助建立的国际机构不仅影响了其他国家追求利益的方式，而且影响了他们界定自身利益和理解自身行为的方式。"

随着中国等新兴国家的崛起，世界政治结构、经济分布和利益格局都处于变化之中，新兴国家变革现有国际体系的要求在增强，与此同时，传统强国主导的国际体系对中国等国崛起所施加的体系性限制和压力也在不断上升。在渐趋失序失范失控的国际形势下，中国应在国际秩序的转化中发挥重要作用。

对于未来的中国外交战略而言，立足多边主义，拓展多边平台的影响力，将产生乘法效应，而在多边平台发挥更大影响的关键是规则制定能力。同时，对于中国而言，不仅需要强化规则制定能力，也要提升遵约守信意识，促进合作规范的推广。

3. 路径选择

路径选择的核心是强化和丰富路径选择方案，减少单一性的路径依赖。抵达一个目标要有多条路径选择和多项支撑手段，比如能源来源的多样化、应对危机风险的替代方案等。

在路径选择这一环节，首先要立足于预防，其次是创新为先，再次还要不断优选方案。

（1）预防。在观念上强调预防甚于解决——比如把重点放在如何控制危机而不是危机失控后的解决上。在战争问题上，重点在于如何避免战争，而不是如何应对战争。对于战争的准备也是立足于避免战争，以武止戈。

（2）创新。勇于探索新路，而不是死守没有风险的老路。改变保险至上、维持现状好于探索新路的思想。探索新路有风险，但必要的风险成本对于意在突破和把握新局的中国外交而言是值得担当的。

（3）优选。中国未来战略的成败在于后发优势的充分运用，而要实现超越，就要在战略设计上不断优选方案，争取一举两得、一举多得，强调运用乘法效应，达到事半功倍、以小成本换取大收益的效果。要收放自如、留有余地，要有闪转腾挪的空间，要注意攻守平衡，行于行，止于不可不止。

（四）转型期的战略重点

从战略原则和战略规划构想出发，转型期的战略重点是突破亚太困局，扩大战略覆盖面，规避可能出现的不确定性因素和风险，谋求战略性拓展。基于以上考量，转型期战略的方案设计重在解决好以下问题。

1. 地缘战略部署

中国地缘战略的规划与中国对外战略纵深的拓展以及战略承受能力、应变能力有机地连在一起。因此，中国需要新一轮地缘战略部署。

近些年，地缘政治的空间感不断增强，海洋地理空间的重要性也不断提升。中国的地缘政治思考一直滞后于一些大国，这在一定程度上导致了中国近代发展的落后。而在今天，周边环境日趋复杂，中国的发展战略不断外延，中国必须适应向更大平台的转变。走向海洋成为必不可少的选择之一。中国在海洋方面面临的环境因素是极为复杂特殊的。海上争端也可能会成为未来一些国家遏制中国的引发点和着力点，如何更好地捍卫海洋权益是中国外交的新课题。

同时，中国作为一个陆地中心国家，没有天然的地缘优势，力量辐射和抵达能力都有局限性。从地缘上看，中国缺少缓冲带和中间带。作为临海陆上大国，中国可以说同时面临海陆直接威胁，这与美国得天独厚的安全环境完全不同。从地缘安全的角度看，陆上大国要有至少两个直通大洋的出海口，而中国只有太平洋一侧的出海口，广大的内陆地区则相对封闭。但是中国有大片陆地，与欧亚中心地带的中亚地缘相连，同时东边还有漫长的海岸线，有一系列通过海洋相连的海上邻国，既可以构建陆权优势，也可以拓展海权。

因此，中国的地缘战略规划涉及海陆复合关系的构建。几年前，中国学界有所谓"海陆之争"。其实，基于中国的地缘特点，中国的地缘战略规划必须是海陆并重发展，而不可偏废于任何一方。从海陆结合的地缘战略考虑，无论是"西进"还是"东扩"，都必须充分调动和发挥地缘优势，适应海陆复合的战略部署，海陆并举，东西齐进，谋取欧亚联合的大棋局，发挥欧亚联合的地缘优势。这样才能从根本上超越任何大国对中国的遏制与封锁，实现能源贸易运输的多元辐射布局。谋求欧亚大陆联合一体将是中国地缘战略的长远发展目标，走向海洋、实现海陆合和也是中国发展的方向之一。简言之，陆上战略为"西进"，海洋战略为"东扩"，中国作为一个海陆复合型国家，在这方面的战略思考尤为重要。

考虑到中国未来的全方位发展思路，应该说东西南北缺一不可。"东扩"战略为走向太平洋为主的海上战略，涉及东北亚和东南亚广大地区，需要解决一系列海洋争端，涉及战略资源储备、出海口与战略空间拓展、对外能源依存的多元化。其战略重点包括海上战略屏障的构建、战略枢纽的维护，以及能源命脉及战略咽喉要道的安全。从军事上看，"东扩"战略应包括两部分任务：一是近海防御能力；二是远洋作战能力。当然，在远洋海军的构建过程中，必须注意合理与适当，符合中国和平发展战略的总体方针，考虑周边海洋国家的安全感受，也必须对一些大国的战略反应进行理性评估。比如，美国将中国发展远洋海军视为中美海上主导权之争，不可轻视这一问题引发的战略意义。中国发展阻吓性海上力量应该是更为合理的选择。

"西进"战略（或称"向西开放"）以陆上战略为主，意味着欧亚大陆地缘心脏地带的联结，涉及中亚、中东欧，是连通欧亚大陆的关键。目前在中亚，以上合组织为基轴的经济安全合作正在展开，以"丝绸之路经济带"建设为契机进一步连通欧洲的地缘布局已经开启。

"南下"战略主要涉及印度、巴基斯坦，主要目标是构建与太平洋战略相互呼应的印度洋战略，形成伸向海洋的两翼。"南下"战略还有一个关键环节就是缅甸，缅甸是中国能源运输线的重要通道之一，通过它在一定程度上可以摆脱单一的印度洋到太平洋的海上运输线的局限。

而"北上"战略则旨在与俄罗斯强化传统合作，加强与蒙古国的经济开发合作。"北上"战略的一个要点是在东北亚与俄罗斯的能源开发合作，以及中、俄、韩在朝鲜半岛经济开发中的合作等。另一个战略要点是参与北极极地的开发。

中国未来的地缘战略必须更具有整体性和全局性，更好地推动区域经济一体化，并发挥更大影响力，也即中国的地缘战略布局应为中国对外开放的经济战略服务，为有利于营造中国的和平安全环境服务。也就是说，既要有安全有利的多元化运输线，又要有战略上的缓冲地带；既要有战略伙伴关系、全天候战略伙伴关系，也要有特殊伙伴关系；既要有服务于海上贸易、海洋开发的海洋战略，也要有未来不可或缺的太空战略。中国的外交战略要有与之相配套的更加全面的战略构想。

总之，要高举非传统安全合作的大旗，经略和规划新型战略合作伙伴关系，不断拓展战略合作伙伴圈。在地缘上要以向西开放构筑欧亚一体为长远地缘战略发展目标，向东以周边合作为基础推动太平洋战略的发展，并形成东西南北海陆合的大布局。

2. 规避或化解风险

国家发展的战略困境之一是只剩下排他性的单一选项，比如战略资源困境导致国家铤而走险。为了避免出现这种情况，就必须保持一个国家的自主性，而不能够过分依赖于外部世界。对外依存度过高有可能影响自主性，减少战略选项。对外依存度要有一个合理的限度。

当前，中国国内能源需求不断上升，而新能源又难以为继。战略能源的对外依存度过高，风险显而易见：过度依赖外部能源供应，等于把一国经济的发展在很大程度上交由国际不可控因素，国际市场和他国政治社会的波动风险将直接影响本国经济的稳定发展。从这个角度讲，在能源和其他关键战略物资的对外依存上，谁率先摆脱对外部世界的过度依赖，谁就能占得先机，谁率先摆脱能源危机，谁就能脱颖而出。

为了降低对外依存度，将对外依存保持在一个科学合理的水平，更加注重均衡发展，强调战略储备，扩大和完善国内市场是一个长远的战略选择。中国必须不断强化战略资源的储备，准备多种预案，避免因过长过大的对外依存影响对外战略的选项。适时完成对外战略石油储备的收购任务已成紧迫议题。黄金战略储备对于货币多极化的意义也是十分重要的。

解决好对外依存与自主性的关系问题，必须增强战略承受能力、应变能力，也必须扩展战略纵深，也就是说，关键是增强战略应变能力。

3. 强化危机管控能力

中国面临的新旧危机交叉重叠，既有国际层面的经济风险、金融风险、全球治理难题，也有中国与周边的安全问题，包括最为棘手的涉及中国主权的热点问题和"三独"问题，还有涉及国际军备控制和核不扩散机制的核安全问题，以核安全问题而言，中国周边邻国朝鲜的核问题仍是潜在的重大危机爆发源。很多与中国相关的危机都具有复杂性、持续性、历史性，解决难度很大，且非一时能够解决。这些危机中的任何危机一旦失控，都将会对中国的发展安全带来巨大冲击。因此，对于难以化解的危机，必须加大预防和管控力度，与其他国家充分协商、增强信任，在多边层面上加强制度设计。从根本上说，必须将危机管控置于大战略规划的框架之中，立足于从长远、整体上加以解决。

解决发展问题必须从综合治理的角度入手，方能收到实效。作为后发国家，必须要在引领新方法、新观念、新议题方面做好谋划、写好文章。在复杂形势下，中国要实现可持续的发展壮大，就必须与创新机制、创新议题以及新的外交理念连在一起。

改革开放30多年来，中国外交战略进行了大战略方向性的调整，从革命外交转入发展外交，提出了"和谐世界"等一系列宏大目标，制定了相关路径，比如以战略伙伴关系构建为主的大国关系、以富邻睦邻为基础的周边关系、融入现有国际体系、发挥积极塑造作用的多边外交战略，为中国的经济发展、人民幸福和世界和平做出了重要贡献。

当前的国际形势正呈现复杂多变的特征，国际格局演变存在更大风险。而中国外交也面临前所未有的重任，任重而道远。中共十八届三中全会通过了《中共中央关于全面深化改革若干重大问题的决定》，决定"设立国家安全委员会，完善国家安全体制和国家安全战略，确保国家安全"。此举充分说明中国最高领导层对中国现阶段所面临的国际和地区局势、对捍卫国家安全及其战略设计和决策的宏观把握和深刻认识。

总之，未来的中国外交规划要紧扣时代主题，注重战略思维能力，高瞻远瞩，统揽全局，敏锐把握转型期发展变化的趋势，从整体高度审视和处理问题；更新思维观念，突破传统思维定势；提高辩证思维能力，克服极端化、片面化、线性化思维。有重点，重平衡，善综合，因势利导化解矛盾，循序渐进转危为安。把握好发展与稳定的关系，协调好成本与收益的平衡,使未来的战略规划更科学、更系统。唯其如此,中国的外交战略才能成功地实现转型和升级。

今天就和同学们交流这些。不当之处请批评指正!

第二讲

中国道路的历史渊源与全球意义

— 王义桅 —

大家下午好！今天我要给大家分享的主题是"中国道路的历史渊源与全球意义"。

首先给大家讲两个故事。2014年习近平主席访问阿根廷的时候，阿根廷总统克里斯蒂娜向习近平主席提出了这样一个问题："中国为什么发展得这么快？有没有什么秘诀？"习近平主席告诉她："我们最大的秘诀就是没有秘诀，如果一定要说有的话，就是我们走了一条符合中国国情的发展道路。"克里斯蒂娜总统对这句话印象非常深刻，她说："原来可以走符合自己国情的发展道路。我们以前从来没有想过这个问题，因为长期以来美国人跟我们说，你们要实现现代化，那就发展市场经济，推行金融自由化，除此之外别无选择，所以各个国家都没有想到走符合自己国情的道路。"为什么阿根廷总统会有这样的感慨？因为阿根廷经济曾在世界上排名第六位，非常发达，可是现在排在拉美的第五位？为什么？经济学把这种现象称为"中等收入陷阱"，而阿根廷就被认为是所谓的"拉美病""中等收入陷阱"的代名词。阿根廷没有跨过"中等收入陷阱"而成为发达国家，所以他们很羡慕中国。这个故事说明很多国家都很羡慕中国的经济奇迹，希望从"中国奇迹"中获取一些发展经验。

匈牙利蓝色的多瑙河、音乐之都布达佩斯非常漂亮，而且匈牙利是欧盟成员国，经济发展也不错。2013年匈牙利总统来中国访问，向习近平主席提出了同样的问题："中国为什么发展得这么快？有什么秘诀?"习近平主席的答案依旧是:"走了一条符合中国国情的发展道路。"匈牙利总统回去后不久就做国情咨文,宣布匈牙利也要走一条符合匈牙利国情的发展道路,结果布鲁塞尔马上打来电话询问:"你想干嘛?你想走自己国家的发展道路,不参与欧洲一体化进程了吗?"可见,匈牙利作为欧盟成员国,享受到了欧洲一体化的好处,比如申根、欧元等给他们带来的便利,但是欧洲一体化也带来了弊端,这个弊端就是成员国不能选择符合自己国情的发展道路。中国人讲"祸兮福所倚,福兮祸所伏",像希腊,为什么债务危机一直解决不了?因为拥有完全主权的国家可以通过货币贬值解决债务问题,如美国通过量化宽松政策让其他国家分担它的债务,而希腊作为一个欧盟成员国、欧元区的国家,其主权不完全独立,其货币发行权不在自己国家手中,而在欧洲中央银行手中。可见,中国人经常说要走一条符合中国国情的发展道路,听起来好像很容易,似乎也是理所当然的事情,但是对于世界上的一些国家而言,想走符合自己国情的发展道路却是一件可望而不可及甚至奢侈的事情。

费孝通说过一段很有名的话:"各美其美,美人之美,美美与共,天下大同。""各美其美"就是每个人都觉得自己很美,但关键是"美人之美",就是说你还要觉得别人美,不仅要觉得别人美、欣赏别人的美,还要帮助别人变得更美,这是一种美德。只有这样,才能"各美其美,美美与共,天下大同",世界才不会有那么多纷争。有些人说,我是最漂亮的,你不漂亮,你要跟我一样漂亮,我现在要改造你,把你的鼻子整一整,眼睛整一整,整得四不像,最后整出毛病来了。这种现象不止发生在人身上,也发生在国家层面。有些西方国家总是说中东一些国家不好,专制独裁,需要改变。改变很容易,但改变以后呢?它不负责任了!结果难民就跑到欧洲去了。在伊拉克战争中,大家知道死亡的无辜平民有多少?有人为他们负责吗?中国人说"不干涉内政",有人认为这是不负责任。但是,中国人十分清楚每个国家要走符合自己国情的发展道路,其他国家要强迫它走你的道路,这是行不通的,甚至会犯错误,而且是灾难性错误。老子说,道法自然,不要随意去改变一些事情,又说"治大国如烹小鲜",即治理大国很复杂。因此,不要干涉别国内政,要鼓励更多国家走符合自己国情的发展道路。

实际上,发展道路是千差万别的,不能说只有一种发展道路。就像选美一样,不能只有一个标准,认为只有你美,其他人都不美,那大家都很失望。著名歌星迈克尔·杰克逊已经去世了,但是他的影响依然存在。我小时候以为迈克尔·杰克逊是女的,而且是白种女人,后来发现他是男的,而且是黑人。因为美国人都认为白人是美的、有地位的,所以迈克尔·杰克逊就把自己漂白了,希望能被白人接纳,这就是没有自信的表现。为什么没有自信?因为有些人太自信了,让你没有了自信。他们觉得只有自己对,其他人都不对;他的价值观是普世的,你们要么专制,要么独裁。所以,他总想要其他国家走他的道路,甚至用"休克疗法"来改变其他国家的经济体制,结果呢?有几个成功的?几乎没有。凡是照搬别国制度和发展模式的,没有一个是进步的。举个例子,菲律宾以前是西班牙的殖民地,美国和西班牙的战争结束后,菲律宾又成了美国的殖民地,所以菲律宾亲美,宪法基本上照搬美国的宪法,但菲律宾有没有发展成为另一个美国?没有!无数的事实证明,只有走自己的发展道路,国家才有前途。

以上就是我分享的一些故事,现在来讲"中国道路"。

我们学数学时有X轴、Y轴,我们讲中国道路也有两个维度:一个是历史根源,另一个是世界意义,即时间和空间维度。我们对中国道路做一个解剖,探讨它在历史上、在现实世界中的根源和意义。关于中国道路有不同说法,中国人有时候说是"中国故事",有时候说是"中国模式",习近平主席在2013年又提出了"中国梦"。它们之间有什么关系?现在有很多学者用"中国模式",但是官方认为中国没有"模式",只是走了一条符合中国国情的发展道路,这个道路是否适合其他国家还不知道,所以不建议其他国家轻易学习中国,可能也学不来。因为中国共产党的领导是最大的中国特色,而其他国家没有共产党领导,所以不要轻易照搬中国模式。但是，中国模式中是否存在一些符合人类发展的共识呢？这是有的。因此，要有"四个自信"，讲好"中国故事"。

那么，中国走的是什么道路呢？长期以来讲的中国道路就是要和平发展、和平崛起。因为西方国家总是说"中国威胁"，中国说自己不是威胁，所以长期以来中国其实是在西方的话语体系里否认"中国威胁论"，却没有很好地表达中国的立场。现在，我们就不用大国崛起等西方话语体系来看待中国。

研究发现，人类历史与"丝绸之路"密切相关，2000多年以前罗马帝国和汉王朝之间就有着贸易往来。12世纪末，奥斯曼帝国崛起，15世纪时达到顶峰，所谓的"神圣罗马帝国"差点被奥斯曼帝国消灭了，整个欧洲都生活在被奥斯曼帝国侵略的阴影之下。同时，由于奥斯曼帝国垄断了"丝绸之路"的贸易，欧洲人就开始走向海洋。欧洲人走向海洋的时候，中国帮了三个大忙：一是火药，中国人用它来制作烟花，而欧洲人用火药来摧毁封建国家；二是指南针，没有指南针不知道往哪里走，出去也回不来了；三是茶叶，在茶叶传到欧洲之前，欧洲人出海只能在近海，不能太远，远的话在海上漂几个月，没有蔬菜、水果就会死掉。当时人们不知道死因，后来发现是因为缺乏各种维生素，而茶叶里就有这些维生素，所以喝了茶，吃了烤肉或烟熏的肉就可以走很远。欧洲人通过走向海洋把世界各地殖民化，进而推动了全球化。但是，只有部分人从全球化中得益，如80%的产出来自沿海100公里的范围，中国80%的GDP来自东南沿海地区，内陆地区处于贫穷落后状态。因此，所谓的"全球化"不是真正意义上的全球化。中国为什么要提出"一带一路"倡议？很大程度上就是为了帮助内陆国家寻找海洋。习近平主席为什么在哈萨克斯坦提出"丝绸之路经济带"？因为哈萨克斯坦是世界上最大的内陆国家，它远离海洋，连一条高速公路也没有，所以"一带一路"能够帮助它到达波罗的海、地中海和印度洋等。我去土耳其演讲，蒙古国总统对我说：中国帮我们寻找海洋，这是成吉思汗多少年想实现的梦想，"一带一路"帮助我们寻找海洋是"功德无量"的。

从1492年哥伦布发现新大陆到现在，也就500多年的历史，今天越来越多的国家融入了全球经济。工业革命最初发生在英国，后来比利时成为第二个工业化国家，再后来欧洲其他国家也实现了工业化。后来美国崛起了，上亿人融入了现代化生产，而欧洲就开始衰落了。今天，中国、印度、巴西等国家的几十亿人想实现工业化、现代化，那么原来基于千万人的工业化和现代化发展经验怎么可能适应这样一个新的世界？西方国家的发展经验都是基于它们的国情，现在要复制给其他国家，怎么可行？所以，现在要讨论"中国道路"。实际上，从现代化和工业革命以来，没有一个非西方国家真正走上了西方的发展道路。最成功的就是日本，其曾经成为全球第二大经济体，但是后劲不足，没多长时间就不行了。因为日本依附于美国，而美国通过"广场协议"逼迫日元升值，使日本经济不行了，一直持续到现在，人们称之为"失去的二十年"。现在有人想采取类似办法对付中国，但这是不可能的，因为中国延续5000年的文明体系一直是独立的。

在这样一个背景下讨论"中国道路""中国模式"就具有重要的历史意义。可以说至今没有一个非西方国家成功实现了工业化，以前大国崛起都是在西方内部循环，从葡萄牙、西班牙、荷兰、英国，到美国，包括苏联，都是在白人或者说西方世界内部循环，日本稍微有点例外，但日本也是西方的。只有中国，从西方的经验中学习，走了一条真正意义上的有别于西方的发展道路，这在近代以来的历史上从未有过，所以对西方的"普世价值"形成了极大冲击。就像以前人们只相信有白天鹅，没有黑天鹅，结果现在来了一只黑天鹅，而且还很健壮，人们一下子难以接受这种冲击。而且现在很多国家宣称要走符合自己国情的发展道路，如此一来，还能用普世价值统率它们吗？显然不能！这就是有了特例以后，就会有第二个……这是"中国威胁论"甚嚣尘上的一个原因。

在很多年前，基辛格咨询公司的顾问雷默提出了"北京共识"，他说相对于"华盛顿共识",还要有个"北京共识"。"华盛顿共识"推崇私有化、市场化、金融自由化等,而"北京共识"开创了一条有别于"华盛顿共识"的发展道路,这对于很多非洲国家、阿拉伯国家很有吸引力。但是现在我们都不大提"北京共识",而是提"中国道路""中国模式"。中国人开始用自己的话语体系说自己的话,以前中国的成功是别人说给中国的,中国自己不说,或者中国说的时候总是借助西方国家的话语体系来说。

中国从西方那里学得很快,如学习工业化、技术和制度等。学习完之后,就把从西方学来的技术、制度和改革开放的经验分享给周边的发展中国家,帮助它们脱贫致富,比如现在提出的"一带一路"倡议,正如孔夫子所说:"己欲立而立人,己欲达而达人。"对此,西方发达国家应该感到高兴才对,因为中国的崛起,折射出了西方的先进技术、管理经验和制度等。但是,中国不是简单地学习和模仿,而是把它中国化,马克思主义要中国化,社会主义要中国化,即把很多西方的经验都变成符合中国国情的东西。众所周知,西方在很多地方推行其模式时并不成功,包括对外援助。原因何在?因为它提供援助时会附加许多苛刻的条件,诸如人权、民主、法治等,结果很多国家都不符合这些条件,有钱就花不出去,于是这些国家就请中国帮忙,提出中欧合作开发第三方市场。现在,中国跟欧美发达国家从互利双赢变成合作共赢,甚至是三赢、多赢,叫"共赢",这是中国和西方合作关系中的一个重要转变。"一带一路"倡议就是要规避竞争,寻找新的合作点,让中国和西方的合作更多地惠及发展中国家,让更多周边的发展中国家分享中国改革开放的经验,如特区、工业园区等等,这是"中国道路"在国际层面上的一个重要体现。只要中国可以成功,那么很多国家也都可以成功。

什么是"中国道路"?以前讲"中国道路"是现代化道路,但是现代化不是中国的,很多国家都有现代化,中国是比较晚才开始现代化进程的,现在还没有完全实现,所以说把现代化和"中国道路"挂钩不符合现实情况。因此,"中国道路"的关键是要选择符合自己国情的发展道路,这个发展道路既要有现代化,也要有文明的复兴,也就是"中华民族伟大复兴的中国梦"。什么是复兴?就是文明、历史曾经非常辉煌,现在要复兴到历史上的辉煌时期。不仅如此,还要帮助更多的国家走向复兴。所以,复兴不再是崛起,不仅管自己发展,还要管其他国家发展。这是对"中国道路"认识的一个很大提升。

既然讲"中国道路",那什么是中国?中国这个概念最早出现在《诗经》里。以前的中国和现在的中国不是一回事,以前有万国,中国只是其中之一。什么是"中",古代中国讲究天圆地方,往地上插一根竹竿这一块地就是我的了。什么是"国"?在那里插个竹竿还不够,你还要防止土地被侵略,"国"里边有个"戈",戈是武器,你要保护你的土地,防止敌人来剥夺,就需要围个篱笆,把土地圈起来,"中国"就是这么来的。

现在讲的中国,其实是西方民主国家的概念,存在四个特征。

第一,悠久的历史。欧洲人说中国相当于罗马帝国到现在还没有解体,甚至比它还要长。《圣经》里记载了很多古老文明,但唯独没有记载古老的中国文明。欧洲人说,在耶稣诞生220年以前,秦始皇已经统一中国,实现了书同文、车同轨,而欧洲一体化至今没有实现书同文、车同轨。为什么中国能够提出"一带一路"倡议?因为秦始皇统一了中国,实现了互联互通。按照戴高乐的观点,中国是一个历史悠久的国度,比《圣经》的历史还长,当然埃及、印度的历史比中国长,但是它们的文明都中断了。现在的埃及人看不懂古埃及的文字,而今天的中国人稍加训练就能够读懂秦始皇的奏折——篆书、隶书都能读懂,2014年高考有个中学生用甲骨文写了作文。我在韩国教了一年书,带韩国学生去参观博物馆,就跟他们说博物馆里是什么藏品,因为韩国后来简化汉字了,用韩文而不用汉字,上边写的全是古代汉字,他们看不懂。比如他们的民族英雄李舜臣,上边写着甲子登科万历三年武状元,就是朝鲜那个时代的。中国的历史为什么这么久远?拉丁文里有一句话:言语随风飘逝，文字与世长存。中国有很多辉煌的建筑，但是是木制建筑，"楚人一炬化为焦土"，阿房宫也被烧掉了。但是中国的文人把它记述下来，名曰《阿房宫赋》，今天的中国人就可以通过这些文字领略阿房宫的豪华和宫廷生活的奢侈。可见，文字是中华文明绵延不断的一个重要原因。

第二，庞大的国家规模。就像欧洲人所说，中国不是一个国家，是一个洲（continent），不只是一般的洲，是一个很大的洲（super continent），中国人自己可能没有意识到这一点。中国的人口规模与印度差不多，但是中国的网民数量有8亿多，是印度的6倍以上。2014年中国毕业了750万大学生，有将近500万工程师，大部分是学理工科的，这相当于美国、欧洲、日本一年新增工程师数量的总和。欧洲超过120万人的城市就不多，而武汉在校大学生的数量就有120万。可见，中国和这些国家不是一个数量级的概念，一个模型在这个数量级下是绝对真理，而换了另一个数量级它就是谬误。所以，把基于几百万、上千万人的西方经验用到十几亿人的中国，显然不适用。

第三，中国是世俗化社会。费孝通先生说中国的文化是如此之强大，以至于没有一个单一的宗教能够占据支配性的地位，很多外国人据此认为中国没有宗教信仰、没有核心价值观。结果他们就想不明白一件事情：中国人不相信上帝，怎么会发展得这么快？这不是重点，重点是担心中国发展得如此之快，崛起之后如何使用手中的实力，因为中国人不信仰上帝。比如，中国共产党人讲"在我死后骨灰撒向大海"，周恩来、邓小平的骨灰都撒向了大海。因为共产党人都是无神论者，不认为骨灰有多重要，先埋到土里去，这叫做"落红不是无情物，化作春泥更护花"。骨灰撒进土里，让它滋养土地，生长出鲜花，共产党人就是生不带来死不带去，完全奉献给大地和民众，但是西方人就不理解。温家宝总理有一次在春节期间出访比利时，当时欧盟委员会主席巴罗佐问温总理怎么过年的？过得怎么样？温家宝总理说：自从我担任副总理以来，没有一个年是在家过的，都是在外面跟老百姓一起过年的，要么是在贫穷落后地区，要么是在地震灾区。欧盟委员会主席说：你这样好像不太好吧，不注重家庭，你这个人好像不够温情，对家庭不太负责任。温家宝总理回应：我们认为人民是我们的父母，我们是个大家庭，我们要牺牲小家成全大家。这点欧洲人好像都想不通，所以说中国是个世俗社会，跟其他国家都不一样，这也是中华民族伟大复兴的一个有机部分。

世俗社会不是没有宗教，不是没有信仰，而是没有一个单一的宗教处于主导地位，这是与其他国家不一样的地方。比如阿拉伯世界，穆斯林信仰的是伊斯兰教，欧美信仰基督教，可能会分为新教、天主教，但都是一个上帝。中国人却有三个上帝，或者没有上帝。众所周知，莫高窟是佛教圣地，但是在一尊佛像前面放了一尊太上老君像，太上老君是属于道教的，再往不远处看，旁边可能还有孔夫子的痕迹。在中国，儒道释并存，三教各安其事，井水不犯河水，宗旨都是拯救苍生，都强调敬天、爱民、和平，可以说三教是互通的。西方人不理解这个"通"，所以对中国产生了误解。中国人有宗教、有信仰，但不是一种宗教、一种信仰。因为中国有13亿人口，56个民族，有5种国家级的官方语言，所以它很复杂，不能用一个民族国家来看待。因此，用"3D"来描述中国再合适不过了：Development——中国是发展中国家，正处在发展之中；Dynamism——中国很有活力；Diverse——中国非常多元。

中国地形之复杂，人口之众多，使得凡是在中国可以修建的东西，在世界各地都可以修建；凡是在中国能够实验成功的，在世界各地也可以成功。印度占领了巴基斯坦在克什米尔的水库，巴基斯坦人失去了水源，就请中国人帮助修建水库。在巴基斯坦的崇山峻岭中有个石山，寸草不生，中国人就在石山上凿出了一条路，修建了水库，让巴基斯坦人喝上了水。所以，巴基斯坦人说，和中国的友谊比山还要高，比海还要深。为什么中国会成功？因为中国是世俗社会，凡事讲究实事求是。美国驻华大使芮效俭在谈及"一带一路"时说，在苏联解体以后，美国一直推进中亚战略，但是不成功，因为美国一方面在意识形态上要对付苏联、扩散民主，另一方面要为国家利益考虑，所以就一直犯错误。我告诉他：一个国家的外交政策、经济发展战略，如果不实事求是，总是被主观意识、意识形态左右，那一定会出问题，而只有世俗社会才能真正做到实事求是。

第四，中国是一种特殊形式的崛起，人类历史上从未出现过像中国这样的一个国家。中国的人均GDP仅仅是美国的1/7，而GDP总量已经超过了美国的70%，中国在2010年成为全球第二大经济体。20世纪美国遇到了3个强劲的竞争者：纳粹德国、苏联和日本，当这3个国家的GDP达到美国的60%时，美国就要进行全面遏制，而当时三国的人均GDP跟美国基本处在同等水平上，只有中国是例外。可以设想，如果中国的人均GDP达到美国的水平，那GDP将是美国的4倍以上。一个发展中国家居然赶上了最大的发达国家，这是难以想象的事情。

如上四个特征要求，在理解"中国道路"时不能简单地套用西方的历史或者其他国家的经验作为参照系。正如白鲁恂所指出的那样：中国是一个文明，不是一个国家。中国是一个文化共同体，本身是一个自成体系的文明，不是一个国家（China is a civilization, not a state）。如果要说是state，也是civilization-state，而不是nation-state。这个认识十分重要，但很多人认识不到，总是用国家、大国的概念来解释中国发生的一切，这显然有问题。

那么，"中国道路"到底是什么？我们要把"中国道路"讲好，究竟讲什么？其实就是讲好中国故事。以前学者用西方话语体系、大国体系来讲中国故事，那么现在能不能用文明的方式来讲中国？这是一个世界性的大学问，因为传统的中国文化解释不了中国当下发生的变化。例如，中国文明有三大转型：第一大转型是从内陆文明走向海洋文明。第二大转型是从农耕文明走向工业信息文明，中国是现在最大的工业国家，工业制造能力和工业产值在2010年超过美国，现在是美国的1.34倍。第三大转型就是地域性的文明走向全球性的文明。什么叫做地域性的文明？以前称之为"天下"，孔子周游列国，也就7个国家！今天，孔子学院已经建到了127个国家，孔子像挂到了赤道、北极和靠近南极的地方。对于这样一种大转型，要想从孔子那里寻找答案是不现实的，同样，要从西方的哥伦布、亚当·斯密那里寻找答案也是找不到的。总之，今天中国所取得的成就、所面临的问题都是史无前例的，所以说讲好中国故事是世界性的大学问。

梁启超在1901年的一篇文章里写到了"三个中国"的概念，即中国的中国、亚洲的中国、世界的中国。我把梁启超的"三个中国"概念稍做改变，发展为传统中国、现代中国、全球中国。当下中国虽然很多人穿的是西服，但是脑海里装着孔子、老子的很多思想，身体里流淌着中华民族几千年的血液，但是经常说英语、出国，五大洲各处飞，可以说很"现代"，甚至很"全球"。所以今天的中国人具有多重身份，既有传统因素，又有现代因素。中国24字的社会主义核心价值观里就有三种，有传统中国的，如正义、和谐；又有现代西方的民主、法治；还有全球的，如富强等。因此，了解今天的中国不能单说一种中国，她既有传统的因素，也有现代的因素，还有全球性的因素。所谓"全球性的因素"就是说，它不仅是属于中国的，也是属于世界的，有一定的"普适性"——不是普世价值，而是普适性。西方基督教讲究二元论，不是民主的就是专制的，不是黑的就是白的。但是，中国人认为世界很复杂，要"致中和"，不要走极端，不要二元对立，要黑中有白、白中有黑，左中有右、右中有左。西方始终不明白"道可道，非常道；名可名，非常名"，总认为除了民主就是专制，不存在所谓的"中间道路"。然而，不同的国家其民主发展程度、发展国情和发展阶段都不一样，这就是民主性。如果民主是治理国家的唯一方法，如果中国没有民主，那么又是如何成功地治理这么庞大的国家的呢？如何实现如此快的经济发展的呢？也就是说，中国有中国的民主性。欧洲有欧洲的民主性，欧洲内部也有不同的民主性，如希腊和德国就不一样，所以我们要加一个"性"——自由性、民主性、普适性、宪政性、现代性。可见，不是说中国代表民主，其他国家跟中国不一样就是中国的对立面。中国发展起来了，就是恢复世界应有的多样性，而不再是一种黑白分明、西方和非西方的简单对立。

总之，"中国故事"大致分为三个维度。第一，为什么传统的中国能够发展到现在？为什么中国文明可以延续5000年而不断？很多的文明古国都衰落了，它们能复兴吗？凭什么是中华民族伟大复兴？第二，现代中国要融入到现代体系中，这个现代国际体系还容得下吗？有的人说这就如同大象进了浴缸，块头太大了。接纳中国加入世贸组织，欧美本来是想让中国承担责任，让中国把体制改掉，可如今中国却有了自己的"中国梦"，这就让欧美国家产生了焦虑感。第三，全球中国，就是既要有中国传统的因素和现代的因素，也要有符合人类未来发展的因素。

"中国梦"也有三个维度。第一，传统中国如何实现文明转型。在古代，陆上"丝绸之路"与海上"丝绸之路"一般不会同时兴盛，要么是海防，要么是塞防。今天，中国的"一带一路"倡议却同时推进，史无前例。第二，"中国梦"有现代中国的元素。中国的成功有西方的元素，如中国强调的"德先生""赛先生"都来自西方。"德先生""赛先生"在中国的结合无疑是成功的，尤其是市场经济。世界上没有一个国家把开放作为国策，把市场作为配置资源的决定性方式，而中共十八届三中全会报告明确指出，市场在资源配置中起决定性作用，把"开放"写进了中共十八届五中全会文件。第三，"中国梦"有全球中国的因素。中国不仅是全球化的后来者，也是全球化的推动者。2009年至今，中国对世界经济的贡献平均超过30%以上，最近六七年，对世界经济增长的贡献接近1/3，美国的贡献还不到中国的一半；世界消除贫困取得巨大成就，68%的贡献来自中国，如果没有中国的改革开放，世界上的贫困人口将会更多。

讲到脱贫，我比较了一下，印度的贫困人口相当于撒哈拉以南所有人口的总和。印度人有3亿—4亿人没有电，通电的地方还经常断电，中国只有几百万人口没有通电了，13亿人都用上了电。在我读书的时候，我们还渴望到2000年"楼上楼下通电话"，四个现代化，那是多大的梦想？现在还有哪里没有"楼上楼下通电话"？不需要楼上楼下，现在好多人都备了好几个手机。2011年，习近平同志提出了"中国梦"，2012年奥巴马总统去澳大利亚访问，澳大利亚电视台采访他，问他对习主席提出的"中国梦"有什么看法。奥巴马总统回答说，感谢上帝，中国人开始做自己的梦了，否则地球挤破都不够。如果每一个中国人都做"美国梦"，都要消耗那么多资源，住那么大的房子，开那么大的车，甚至一个人开2辆车，你看这地球够不够？真不够。奥巴马说了实话：感谢习主席提出了"中国梦"——不仅你受不了了，我都受不了了，全世界都做我的梦还行？但是后来他又反应过来——中国人开始做自己的梦了，不做我的梦了，说明我的吸引力下降了，13亿中国人——世界上1/5的人开始不做"美国梦"了，美国的影响力减小1/5了。不仅如此，还有许多华人华侨以及其他国家的人，开始到中国来实现梦想了。比如在义乌有10万阿拉伯人，在广东有七八万从非洲来的人，所以说中国将来是要给很多人提供实现其梦想的机会，我觉得这个越来越成为一种新常态。

这是我们讲的"中国梦"的三个维度。

"中国梦"首先是中国文明复兴的故事。人类文明都是可以复兴的，"一带一路"倡议提出来之后，世界上的反响很大，因为以前只有"美国梦"，没有其他国家的"梦"，而中国现在鼓励各国都有自己的"梦"。不仅延绵不断的中华文明可以复兴，每一个古老的文明都可以复兴。在上海举办的世界中国国学论坛上，一位阿拉伯学者发自肺腑地说：近百年以来，西方国家为了争夺石油资源，向中东输出武器，引发战乱，搞得民不聊生。而中国推动阿拉伯国家进行基础设施建设，发展当地经济，促进国强民富，基于此，阿拉伯世界对"一带一路"倡议可谓是"求之不得"。金砖国家中的巴西近年来经济发展不错，拥有世界著名的里约热内卢基督像，但是过了基督山的隧道以后就是贫民窟，两个山头上的贫民窟之间有个索道，除此之外别无其他交通方式。山里山外可以说是天壤之别，就如旧中国的上海滩，可谓"朱门酒肉臭，路有冻死骨"。今天的中国，尽管还面临脱贫致富的一些问题，但同一个地方的贫富差距还不至于如此之大。究其原因，中国是社会主义国家，自古以来就强调均贫富。为什么社会主义在中国能够成功？因为社会主义和共产主义的理念符合中国的传统文化，即天下为公、均贫富。从这个意义上说，马克思主义在中国的成功很大程度上是因为它能够和中国的传统文化完美地结合在一起，否则就不可能成功，不可能在中国扎根，更不可能有持续性的成功。目前，"一带一路"正在帮助更多国家，鼓励更多文明复兴，这无疑是十分了不起的。从西方的殖民、剥削，到现在的"中等收入陷阱"，从来没有一个国家像中国这样有担当。

其次，除了复兴故事以外，还有现代化的成功故事。当前，中国的现代化不仅是"四个现代化"，还有第五个现代化，即"治理能力和治理体系的现代化"。中国提出"一带一路"倡议，帮助落后国家建设基础设施，推动当地经济增长，鼓励更多国家实现现代化，从而推动更多国家走向成功。在中国这样广阔的土地上，贫富差距很大，却实现了医疗的全覆盖。对此，李克强总理曾说："中国的医疗改革是用中国式的方式解决世界性的难题。"这极大地激励了其他国家，包括西方国家，中国的成功也会帮助西方国家找到一条道路，因为他们从危机里走不出来了，进入一个恶性循环。

中国考虑问题着眼于长远，比如"'十三五'规划""两个一百年"等，而西方国家只考虑下一次什么时候选举，很少考虑长远的事情，所以中国共产党人就可以考虑伟大复兴这样很长远而伟大的事情。曾经有人问周恩来总理：如何评价法国大革命？周总理说：要评价法国大革命，200多年为时尚早。美国一共200多年历史，周总理说200年为时尚早，美国人就比较着急，冷战结束没有多久就说"历史已经终结了"。历史终结了吗？2015年10月习近平主席访问英国的时候就说："过去的一切皆为序章"，历史刚刚开始。中国人经常以长时段的、大

第二讲　中国道路的历史渊源与全球意义

的历史观、全球观来考虑历史。有一句话就说"不谋全局者，不足以谋一域；不谋万事者，不足以谋一时"，中国人强调"全局""万世"。所以说，中国的成功也可以帮助西方国家，比如现在发达国家的再工业化、政治体制改革等问题，都从中国获得了启发。很多发展中国家长期跳不出贫穷的陷阱，就是因为迷信西方的道路，没有走符合自己国情的发展道路。中国提出的"一带一路"倡议就是帮助欧亚大陆脱贫致富，实现互联互通，恢复共同的记忆——我们都是丝路人，我们共饮丝路水。

中华民族的伟大复兴面临三个问题。第一，中国复兴了，复兴到什么程度？汉唐？经济总量占世界的30%？万一超过了怎么办？第二，凭什么是中国复兴？中国复兴以后其他的文明要不要复兴？如果其他文明都复兴了，地球资源够不够？第三，中国的复兴是不是意味着西方国家的衰落？中国怎么对待其他文明的复兴？其实，"中国梦"一方面是指社会主义的梦，中国要共实现同富裕；另一方面是指文明复兴的梦，不仅是复兴中国，而且要帮助更多的文明复兴。中国在成功脱贫致富之后，要帮助更多的发展中国家脱贫致富，帮助它们走符合自己国情的发展道路，也就是"群体的崛起"。

"中国梦"包括三个内涵：人民幸福、国家富强和民族振兴。最早的"中国梦"是毛泽东时期纪念孙中山时提出来的：对人类做更大的贡献。今天的"中国梦"已经超越了过去的逻辑。那么，为什么现在才提出"中国梦"？因为中国人现在才有资格"做梦"，以前做的都是别人的梦，甚至没有意识到那是别人的梦。所以"中国梦"首先是自己的梦，而不是别人的梦，也不做过分的梦，称霸世界、恢复历史这些是不可能的事情。中国人常说"厚德载物"，也就是说只有当品德到了一定程度之后，才配有某种称号或身份，这就是我们所说的，过多的、不配于我们的东西，不要去做，做了之后不仅不会带来福气，还会伤害自己，这就是中国人讲的要追求属于自己的东西，要讲中庸之道。不仅让中国成为中国，也要让西方成为西方，让世界成为世界，这就是世界意义的三个组成部分。

第一，什么叫让中国成为自己？以前所说的多种"中国"，其实都是属于民族国家的，不是一种文明，偏离了中国原来的身份。因此，需要在21世纪重新建构中国的身份，这个身份不是简单地回归到古代，而是要中国真正立足于21世纪，即中华文明的转型。我们不能用以前文明的思维方式来思考今天。古代中国的"四海一家"其实是"四洋一家"，"上善若水"的"水"一定是善的吗？中国人走向世界要有一种更加包容开放的文明观。"成为你自己"，不只是简单的复原，更是要在21世纪找到自己的新定位。

第二，帮助西方找到"西方"。今天，"西方"的概念已经滥用了，现在的西方失去了自我。以前没有一个非西方国家成功过，所以西方失去了自己的参照系，开始滥用普世价值、武力等，所以中国复兴才能帮助它找到恰如其分的"西方"。西方本来是一个地方性概念，经过长时间发展，它在经济、政治、文化领域占居了主导地位，进而把自己说成普世的，把偶然的说成必然的，把短暂的说成永恒的，把局部的说成全球性的。就像在爱因斯坦之前，宏观世界里牛顿是王，他的规律都是普适性的。直到之后发现了微观世界，才知道牛顿定律是有边界的，只有爱因斯坦出来以后才能知道牛顿有自己的局限性，而牛顿本人是不可能知道自己的局限性的。爱因斯坦不是否定牛顿，而只是给牛顿的定律找到了边界。所以，中国的崛起也不是简单地推翻普适性，只是让普适找到自己的边界，不是冲突和对立，最后我把它称为"普适性"就是这个原因，在这个之前都认为是普世价值。只有早点从这个神话中走出来，西方才能回归到正常的西方。在中国复兴之前，还没有别的国家有能力来界定西方。

第三，正道。什么是正道？就是真正的道。现在很多道路根本不是真正的道，是"鸡鸣狗盗"，不是真正的具有核心价值的"道"了。著名哲学家赵汀阳在其著作《坏世界研究》中说，这并不是真正的世界，所谓的世界是个坏世界，是一些人以世界的名义进行剥削的世界。正道让世界回归到正道，就是让其他国家复兴。人类发展到现在，消耗的资源太多，贪欲太多，个人主义盛行，这些都是不正常的现象。所以，中国复兴就是帮助世界回归正道。中南海新华门上写着"为人民服务"5个大字，它道出了中国共产党的宗旨，更道出了中国复兴的文明担当和精神担当，也就是"为人民服务"，为"一带一路"人民服务，为天下人民服务。那么，又该如何担当？用北宋关学学派创始人张载的话说就是"为天地立心，为生民立命，为往圣继绝学，为万世开太平"。欧洲最著名的哲学家康德也只是道出了其中的三种境界——为天地立心、为生民立命、为万世开太平，却未道出第三重境界——为往圣继绝学。只有中国人才有"为往圣继绝学"。北宋著名学者汪洙说："万般皆下品，惟有读书高"，读书是在和人对话，不仅可以与孔夫子对话，还可以与上帝，与柏拉图，与众多古今中外的先贤对话，正所谓"朝闻道，夕死可矣"！

这就是我认为的"中国梦"要解决的问题。首先，要为天地立心，要找到人类的共同价值。当今世界处在一种非黑即白的对立状态中，把世界肢解得支离破碎，甚至同一起源的不同分支也相互斗得不可开交，如伊斯兰教的逊尼派和什叶派、基督教与犹太教之间的斗争。反观中国，儒道释并存。这表明中东地区实现宗教和解完全是有可能的。其次，为生民立命，要全面建设小康社会，将来还可能建设全世界范围内的小康社会。第三，为往圣继绝学。人类很多文明都在衰落，很多文化、语言都在消逝，中国要帮助世界回归到人类文明发展的多样性。第四，为万世开太平，要永久和平，不只是短暂的、"建在沙漠上的和平"。古希腊有一哲人说："人类创造了一个沙漠，把它叫做和平！"就是说，任何和平就像沙漠一样，容易流逝，不稳定，不牢靠，那么中国就要"为万世开太平"。

"天下大同"说起来容易，做起来难。中国文明在历史上遭遇过两次挑战，第一次是佛教进入中国，当时中国还有"灭佛论"，后来经过700多年的发展，把它变成佛学和禅宗，变成中国的一部分。这也是中国能够把马克思主义中国化的原因。但是，马克思主义只是西方的一个方面，西方还有另一个方面，就是"普世价值"，把西方的"普世价值"变成有中国特色的、中国化的东西，这就是第二次挑战。有人把这个过程称为"三部曲"：第一部是求同，第二部是别异，第三部是更大的同。禅宗里有一句话叫：见山是山，见水是水，这是第一境界。第二境界是见山不是山，见水不是水了。第三境界是见山还是山，见水还是水。这个"还"就是指已经经过否定了，不是简单地见山是山了，这就是辩证法。

"中国梦"如何帮助其他国家实现自己的梦想？其实也是"三部曲"：第一要复兴我们原先的文明，第二要包容西方的文明，第三还要创新。简单地复兴不够，还要包容，中国不能只复兴自己。现在大多数学者只研究西方衰落，从未有人思考过西方复兴。殊不知各国好，世界才能好。当然，要复兴就要创新，所以21世纪的"丝绸之路"除了包容之外还要创新。

怎么创新？怎么复兴？凭什么中国能做到这些？首先，中国是古老的，也是少有的非字母文字国家。张艺谋导演的电影《活着》就很好地说明了这个问题，"中国人就是活着"，口头禅就是"好死不如赖活"。这个很重要，因为活着，所以没有间断，有了非字母文字，这是其他文明没有的，也没有被欧洲殖民掉。其次是世俗化，关键是世俗化又有活力。改革开放把中国的生产力解放出来了，这个世俗又帮助中国走向世界。"一带一路"倡议也是如此，世界上很多国家都曾提出"丝绸之路"复兴计划，中国是最晚提出来的，却又是最成功的，为什么？因为早在2000年前秦始皇就已经实现了书同文、车同轨。中国还具有独立的国防和工业体系，在联合国370个门类的工业体系中，中国全部具有，除此之外没有第二个国家拥有如此完备的工业体系。比如，俄罗斯轻工业不发达，好多东西都造不出来。德国制造业相当发达，比如iPhone手机摄像头就是德国制造的，但是所有人都认为iPhone是美国的。搜索引擎，世界上只有Google、百度和韩国的搜索引擎，欧洲却没有搜索引擎。尽管中国的有些产品质量赶不上西方，或者一些核心技术仍然比较落后，比如大飞机、发动机生产等，但是都能够制造出来。如果国防和工业体系不完整、不独立，就不可能走自己的发展道路。

美国航空航天局（NASA）不久前发布了地球夜间图像，发现灯光主要集中在北美、东亚、日本以及欧洲的沿海地区，世界的大部分地区都还没有电，或者是灯光很少而未显示出来。也就是说，所谓的全球化只是沿海地区的、发达国家的、局部地区的、局部人的全球化，这不是真正的全球化。佛教里有一句话：点一盏灯，救人一命，胜造七级浮屠。中国提出的"一带一路"倡议就是要让这个世界多点一盏灯，让这些黑暗地方的灯亮起来了，让他们享受全球化的好处。为什么要推进互联互通？就是为了让世界享受中国制造的产品，让世界脱贫致富。

我在《天命》这本书中指出：中国的"一带一路"倡议是顺应天命的大事，不是乱来，会给世界带来更多机遇，帮助这个世界脱贫致富，帮助各个国家实现它们的梦想。当然，各国的梦想存在差异，有的是文明复兴，有的是实现现代化……但有一点是共通的：每个国家都为自己的文明复兴而自豪。总之，美人之美，各美其美，美美与共，天下大同。

谢谢大家！

互动环节

问：王老师好，很高兴今天来听您的讲座。老师在讲座中讲到，我们哪怕牺牲自己的国际利益，也要关注其他国家的复兴。但其实在国际领域是现实主义的，主张国家利益、国家理性，讲国家理性就要重视自己的国家，在当前的环境下，我们的传统主张集体意识、为他人服务的意识、牺牲意识，但是作为一个国家主体在参与国际事务的时候，这种道德还能够被应用吗？我们是不是应该也考量到我们自己的国家利益，这才是一个国家真正应有的道德。

答：谢谢。我这里当然不是说我不考虑国家利益，我不是卖国，我热爱中国，当然希望中国好。但是我反对的是处处都以国家自己的利益为中心，甚至强调自己国家利益的最大化，不考虑别人的利益。比如说我们在帮助别人的过程中，实际上就是"我为人人，人人为我"，怎么可能别人就不帮助你？刚才讲，中国在修坦赞铁路的时候，牺牲了 3 万多名工人和工程师，非洲朋友当然是发自内心地感谢中国，帮助中国进了联合国安理会，成为常任理事国。你真心地帮助人家，人家一定也会回报你。所以，处处以自我利益为出发点，牺牲别人利益，那是不可持续的。当然要强调国家利益，但不是只有说强调国家利益才是理性的，不强调国家利益就是非理性的，这个显然是不对的，而且所谓的"国家利益""理性"的概念也是有时空局限性的。比如说高铁，中国造高铁干什么？亏本的，只有京沪高铁是赚钱的。为什么中国要修这么多高铁呢？如果按照原来的经济学统计投入产出，那么京沪高铁在赚钱，但是原来那种统计方法有问题，因为它太理性，它没有更大的系统的统计。比如说修一条高铁，看起来本身投入产出不成比例，很难赚钱，但是会带来相应的房地产、旅游等相关产业发展，以前的统计方法不是没计算这些。所以，之前所谓的理性，实际上是小理性而不是大理性。就算是从经济学的收益来讲，也有一个更大的系统来算这个账。所以，真正的大智慧、大理性一定是表面上牺牲自己，实际上是帮助自己。我想，所有的宗教为什么都看穿了这一点，因为奉献本身是最安全的，也是最可持续的，我觉得所有宗教都懂这一点。为什么耶稣最后牺牲了自己？为什么中国古代就强调要舍身取义、舍身成仁？最后都是使更多人获益，而不是光从个人的角度来看。所以，我觉得很多近代西方的一些理性的东西，包括一些学科、智慧太狭隘了，因为那个时候是西方内部的一个理论，当现在越来越多的国家加入这套体系的时候，这套理论的边界受到很大的制约，内涵和外延应该要提升。所以，我们不是推翻它，而是把它变得更加有包容性，更加有通约性，更加适应 21 世纪的人类新的实际。

第二讲 中国道路的历史渊源与全球意义

问：以前毛主席说"一切反动派都是纸老虎"。现在，美国跟日本又不愿意面对中国的崛起，您刚刚说中国帮助西方实现它们的复兴，要是它们到时候不买账怎么办，难道我们还说你们是个纸老虎吗？有没有可能到时候它们再联合起来惹什么事呢？

答：我们很多的博物馆都写了一句话"落后就要挨打"。我们从小也受这种教育。但现在反过来讲这句话有严重的问题。我刚才讲要走出近代、走出西方，就是因为我们还没有走出来。在很多国家看来，中国现在非常先进，它们自己很落后，现在要准备开始接受中国来打了。因为落后就是要挨打嘛，现在轮到自己落后，挨打就是天经地义的。我们不能总是陷入一种悲情的诉求，这是不对的。再有，中国挨打不是因为中国落后，鸦片战争的时候，你知道中国财富有多少吗？中国文明这么发达，谁说中国落后？马格尔尼去见乾隆皇帝，马格尔尼说，我们钟表啊什么都有，你要买我什么东西？结果乾隆皇帝回答他一句话："天朝物产丰盈，无所不有，原不藉外夷货物以通有无。"只是按照军事战争决定胜负的时候，工业文明很容易打败农业文明。但是农业文明一定比工业文明落后吗？如果从可持续发展的角度来讲，农业文明强调量入为出，它是先进的。我们要倒过来看。所以，现在这个价值观应该重新评价，不能用原来那种先进或者破坏或者效率来判断价值观。毛主席1946年在延安的时候说，帝国主义和一切反动派都是纸老虎！但是不能简单地说，今天的美国和日本就是反动派。美国、日本对中国的态度有些问题，我们感到有些压力，但是不能说它们就是反动派。再有，我们说中国要做什么？中国最好要做如来佛，不要做孙悟空。孙悟空有打不完的妖魔鬼怪，没完没了，天天练本事，本事再大，最后还要求王母娘娘来帮忙。要做如来佛就是说，你们打来打去的，像孙悟空一样，最后还是逃不出我的手掌心。美国重返亚太也好，你把武器都砸到这里也没有关系，都在手掌心里。所以，不要变成一种新的孙悟空，天天跟别人打斗，搞武器来解决问题，包括日本。我觉得让人家心服口服的根源很大程度上是你的文明。你有几个 GDP 又怎么了，人家根本不服你。

简单说，什么时候中华文明恢复到像汉唐一样，很包容，又很开放，还真正的先进，让日本人心服口服，我觉得中日关系一定会好起来。除此以外，没有别的出路，打仗很显然是不可能的事情。

问：我来自北京联合大学，是看到您这个题目专门来的。我感觉收获很大。我就问一个问题，就是我们目前说的和做的是否一样？怎么能让外人相信？

答：这个问题很大，我只是讲个人的观点，有什么不对的话多批评指正，我们一起来探讨这个问题。很多人说我说得太好，但是能不能让外国人相信你真是这么想的，也一定会这么做，所以表达起来确实有难度。我们曾讲"内外有别"，但现在很难做到，现在看新闻联播的外国人越来越多了，将来他们比中国人都爱看新闻联播了，这个事情很麻烦。现在很难说一套做一套，或者国内一套国外一套，因为现在我们生活在一个开放的全球化体系里面。中国怎么样用一套有各种文化、各种语言背景的人都能懂的话语体系来讲清楚中国对世界的思考，诸如和平发展这样的理念，这是巨大的一个考验。刚才讲到各国的文字、语言表达方式都不太一样。他们习惯于这种从左走到右的这个字母文字，我们可以上下，也可以左右。所以语言上就很难让人家懂你，不懂中国的语言，就很难懂中国文化，因为个语言背后乃至一个字背后就有大量的文化信息。所以，我们要用他们喜闻乐见的形式来表达中国的东西。我觉得这是一个很好的问题，但是很难回答。

问：王老师好，最近一段时间，中东地区非常乱，但中东又是我们"丝绸之路经济带"的必经之路。我的问题是，中国在中东问题上应持有一个怎样的策略才能获得更大的利益，更好地服务于"一带一路"战略？

答：首先要纠正你很多语言上的问题：第一，"一带一路"不是战略，我们一般不提倡说"战略"，"战略"是干什么用的，它跟军事是有关系的，所以我们称之为"倡议"。第二，中东地区不是"一带一路"的必经之地，"一带一路"有很多条线路，在欧亚大陆里有条通过中亚到俄罗斯，再到波罗的海的路，那就不进入中东吧？还有一条从西亚到地中海的路，那也不完全进入中东。古代有郑和下西洋，后来延伸到中东，然后到了欧洲。还有其他的路径，都不经过中东。当然中东很重要，虽不是必经之路，但也是一个重要的线路，可以说确实很重要，我们要关注。还有你说中国是和平发展，所以不会使用武力，这也不对。习近平主席说了，中国要走和平发展道路，别的国家也应该走和平发展道路。什么叫使用武力？什么叫不使用武力？这也是个问题。是不是使用武力就一定不是和平发展呢？这也不一定。关键你的方针政策、路线、观念是不是和平发展。所以在中东地区，中国当然不会轻易动武去打击"伊斯兰国"，尽管有人怂恿，劝说中国要是不行就打！为什么？因为新疆有很多"疆独"分子好像也在那里受培训，回来以后可能就麻烦了。前几年发生的昆明火车站袭击事件，就是因为一些人想出国去"伊斯兰国"，结果没过去，他们就开始袭击了。所以，我觉得我们现在在中东政策上确实有一些矛盾。有人建议中国也加入打击"伊斯兰国"的行列，但是有人说：第一，通过武力解决不了问题；第二，中国要参与军事行动也要联合国授权。当然现在因为俄罗斯也赞同，联合国授权可能问题不是太大，最为关键的问题是中东这个地区很复杂，不是中国或是武力能够解决的，"伊斯兰国"的兴起有很复杂的背景，其中一个重要的背景就是美国重返亚太，也包括伊拉克战争、叙利亚内战一直没有终结，导致各种各样的极端势力都在崛起。其实"伊斯兰国"只是一个怪胎，还有更多原因。总之，中国贸然进去以后这个事很难办。我们中国能做什么事情呢？第一，我们劝和促谈，希望叙利亚内战尽早结束。因为"伊斯兰国"的目标自然是推翻叙利亚的政权，叙利亚这个国家大多数穆斯林都是逊尼派，但现在掌权的阿萨德是什叶派，"伊斯兰国"是受到了很多逊尼派的支持来推翻这个什叶派的政权的。伊朗绝对是支持这个什叶派政权的。这里面涉及到很多逊尼派、什叶派的斗争问题，很复杂。"伊斯兰国"我们打不了，因为有很多人在支持他们，在某种形式上它只是一个傀儡，它能够占领那么大的地方，背后的情况很复杂。中国解决不了这个问题，希望内战尽早结束。第二，中国可以做一些贡献，呼吁在联合国层面加强援助，包括难民的安置等问题。所以我讲互联互通，贫穷的人为什么走向极端呢？就是因为他不富裕，财富分配极为不公平。以前以色列和阿拉伯的矛盾就是油都给了伊斯兰国家的人，而犹太人没有油，他们经常为了这个争来争去。伊斯兰世界内部，逊尼派和什叶派有关油的分布也是不一样的。自然资源的差异是客观存在的，能不能通过互联互通这种方式帮助他们共同走向富裕，解决这样一些传统上的矛盾和冲突呢？中国可以帮助，甚至可以做一些经济上的援助。但其他的努力方式，我不赞同。治标更要治本，治本还是要去和解。

要进行种族内部的和解、宗教内部的和解，这是"中国道路"在世界上的体现，要鼓励他们找到一条符合自己国情的发展道路，帮助他们脱贫致富，实现内部的和解。使用外来武力、外来政权更迭的方式是解决不了问题的。叙利亚问题就是因为多年内战持续不断，这些都是武力、战争的后遗症。所以，我们讲"中国道路"在国际上的表现，也体现在外交层面上的劝和促谈，扮演一个斡旋、协调的角色，希望这个国家的人民共同找到自己的发展道路，各得其所。谢谢。

第三讲

跨文化交流中的中国故事

— 阮宗泽 —

很高兴有机会跟大家交流关于"中国道路"的问题，这也是我非常感兴趣的一个话题。能到北京语言大学和大家进行学术交流，非常兴奋，因为我本身也是学语言的，大学的时候学的是英语，而且曾经梦想当一个作家，对语言文学情有独钟。上研究生时学了国际关系，然后就一直从事国际关系研究，现在就到处开会、到处听报告，喜欢与人交流。

我来之前在思考一个问题：与其他高校相比，北语特别的地方在哪里？现在网络上有一句很流行的话：主要看气质。北语的气质是什么？刚才贾烈英老师讲到，北语就是一个"小联合国"，这是北语最明显的气质。所以，大家都非常幸运，有机会能跟来自世界各地的同学、老师进行交流，对于很多人来说，一辈子恐怕都没有这样一种经历。我很羡慕大家能跟不同文化背景的人交流，能跟说着不同语言的人交流，能跟有不同社会经历的人交流，这是一件很幸福的事情。我现在经常利用开会的机会与人聊天，让他们给我讲一些我不知道的故事，说一些我不曾了解的趣闻，因为这是丰富人生的捷径。所以，能够在北语与来自世界各地的同学交流，与大家在这样一个特别的课堂上相遇，确实是一种缘分，我珍惜这个机会。

"小联合国"说起来容易，听起来好听，但做起来却没那么容易。据说北语在成立之初，曾经有一段时间是让中国学生和外国学生混住在一起，目的是为了让大家更好地了解对方，如果能够生活在一起，在日常生活的交流中学习语言、交流文化，岂不是更好？然而，恰恰就是这样的日常小事儿却产生了不小的麻烦。不同国家的同学住在一个宿舍里，有的睡得晚、起得早，有的起得晚、睡得晚，作息习惯不一样，这些看似生活小事，却反映出一些"文化冲突"，产生矛盾摩擦也就在所难免。比如，我们中国人一般都是晚上睡觉前洗澡，而很多外国朋友都是早上洗澡。不过像这样的问题，我认为相处一段后，大家就会逐渐适应或者找到一种妥协的方式，晚上或早上洗澡都无所谓，都可以接受。这样，文化隔阂就消除了，鸿沟也就跨越过去了。不过后来听说，由于问题太多，中国学生和留学生就被分开了，不再混住。当然，即使是分开住了，也没有妨碍相互间的沟通了解。

说到联合国，我现在担任联合国国际开发署《人类发展报告》咨询委员会的专家，主要是参与联合国国际开发署每年一度的《人类发展报告》的编写咨询工作。每次到联合国开会，我都觉得特别开心，也特别珍惜这个与世界各国专家学者近距离交流的机会，感觉是开拓了视野，增长了见识。虽然我的研究领域主要是国际关系，但是"人类发展"问题是更大的问题，我个人非常感兴趣。今天我就利用这个机会，结合"中国道路"这个主题，和大家分享一些我的所见、所闻以及所想到的与"跨文化交流"相关的故事，然后留点时间给大家提问，大家有什么问题尽管提，我都非常欢迎。

一

中国发展的故事

大家知道，2015年是一个非常特别的年份，被称为三个"70年"。第一个是中国抗战胜利70周年，第二个是反法西斯战争胜利70周年，还有一个就是联合国成立70周年。所以，今天在考虑中国与外部世界关系的时候，一定要有这样一种时间的经纬。也就是说，如果要问"今夕是何年"？答案就是这三个不平凡的"70年"。

2015年9月，习近平总书记到联合国参加联合国成立70周年纪念大会，这是他担任总书记后第一次到联合国总部进行访问。2015年联合国会议的议程非常丰富，其中有一项议程就是宣布《联合国千年发展目标》到期并公布新的发展目标。"千年发展目标"是在2000年联合国首脑峰会上发表的，是一个关于全球人类发展的行动计划，为期15年，到2015年9月截止。当然，目标有期限，但发展是没有期限的。所以，2015年通过了一个新的报告，强调可持续发展，这将是关于未来15年，一直到2030年的全球发展行动计划。

我所在的咨询专家小组有20多人，来自世界各地。其中有诺贝尔奖得主，还有好几个是各个国家的前部长，只有两三个学者，我是其中一个。就如何完成千年发展目标，如何改进人类发展指数，如何消除贫困等问题，我们进行了很多、很复杂的讨论。开会讨论的时候，我发现一个很有意思的分歧。来自欧美及日本等发达国家的参会者认为，世界现在已经进入"后现代"阶段，所以政府的作用已经无关紧要，应该靠民间社会、公民社会发挥更大的力量，做更大的事情，大体意思就是政府应该是越小越好。记得20世纪80年代，美国里根总统就讲过，政府要越小越好。日本与会者还以"3·11"日本大地震为例，称地震发生后日本政府无所作为，应对不力，反而是社会各界发挥了关键的作用。

但是，我对此有不同看法。后来我发言的时候讲了一个观点：如何看政府作用，要因国而异，要看各国所处的不同发展阶段。小政府可能对发达国家适用，但是对发展中国家，政府的作用还是至关重要的，而且十分关键，不能一味以大或小来定。一个好的政府、负责任的政府、有效率的政府，可以制订更好的、更理性的发展计划，引领社会把资源配置得更好，在较短的时间内形成一个超越或跨越式发展。谈到发展问题，绕不开的一个问题就是贫困，这是人类面临的共同挑战。不能说一些国家已经很富了，一些人很富了，世界就都很富裕了，或人人都富裕了，贫困就消除了，事实并不是这样的。我们还需更多关注那些发展落后的国家和人，他们可能到今天还喝不上干净的水，还没有住房、卫生的如厕条件，让这些国家和人一起富起来才算是消除了贫困。在谈发展、富裕、消除贫困的时候，应更强调共同富裕，要让他们和国际社会一道进步、一道发展。而要实现上述目标，主要靠的是充分发挥政府的作用，社会可以发挥作用，但很有限。所以，对于广大发展中国家而言，有一个强有力的政府就可以制定一个整体、系统的发展规划，对资源进行优化配置，充分调动社会力量，才能真正消除贫困，实现社会的较快、较全面发展。

听了我的这些话，那些发达国家的官员或学者都将信将疑，有的甚至表示难以接受。然而，来自非洲、亚洲、拉美一些国家的官员或学者则很赞同我的观点。一位来自非洲的与会者回应说，他的国家经济之所以发展得晚、发展得不好，恰恰不是因为政府太强、太大，反而是太弱、太小，他们所欠缺的正是一个比较强有力的、有效率的政府。还有几位来自发展中国家的与会者发表了类似的看法，他们把社会经济发展的滞后，归咎于缺乏负责任的或强有力的政府。因此，各个国家情况不同，要具体情况具体分析，无论如何，政府的作用是非常重要的。看来，在有关政府作用问题上，发达国家与发展中国家就存在明显的分野。

结合今天所谈的主题——"中国道路"，如果说有经验和启示的话，那么构建一个强大的、负责的、有效率的政府恰恰就是"中国道路"的经验和启示。我们有一个高效、负责任的政府，就能制定出符合中国国情的发展目标，才能引领经济社会进行全面可持续发展。

就落实"联合国千年发展目标"而言，中国的发展有可圈可点的贡献。过去15年中，中国使4亿多人成功脱贫，这是一个了不起的成就，国际社会普遍点赞。对此，不少发展中国家的朋友跟我讲，中国的发展成就给了他们新的希望和信心。在他们眼里，30年前大家都差不多，你在摆地摊，我也在摆地摊，可是今天你开始开银行了。的确，2015年中国倡导成立"亚洲基础设施投资银行"，2014年设立了"金砖银行"，今后还将筹办"上海合作组织银行"。

在他们看来，中国的发展成就惊人，因此特别想知道：中国为什么会有这么大的进步？为什么会取得这么大的成功？他们说30年前很多发展中国家曾经和中国的情况差不多，有的甚至比中国的条件还好，为什么今天只有中国做到了？既然中国都能做到，为什么我们做不到呢？他们的结论是"Yes, We Can"（是我，我们能）。结合这些问题，我思考了一段时间，写了一篇文章，叫"千年发展目标的中国之路"。

从这个意义上讲，中国的发展道路其实对世界，尤其是那些与中国情况比较相似的发展中国家而言，是一个很大的激励，对世界的发展事业是一个重大的贡献。中国探索的是一条举全社会之力逐渐从一个贫穷落后的国家走向现代化国家的道路，中国为世界提供了实现社会又好又快发展的另外一种可能，这使更多的发展中国家有了信心，也为他们提供了可参考的经验。

讲跨文化交流其实就是不同文化之间的人与人的交流，中国的发展让很多人很感兴趣，他们特别想知道中国成功的密码。当然也有一些对中国有不同看法，特别是一些西方的媒体、官员、学者对中国的政治体制、价值观持一种挑剔或批评的态度。即便如此，面对中国这些年取得的发展成就，他们也难以否认。恐怕让人百思不得其解的是，既然照一些西方人说的中国这不好那不好，但为什么中国能快速发展、取得成功呢？

二

保持清醒

2010年，中国超过日本成为世界上仅次于美国的第二大经济体。

而且，我还注意到一条消息，根据国际货币基金组织（IMF）的数据估计，（按购买力平价的方式），中国的经济在2014年超过了美国。这是一条爆炸性的新闻，很多国际媒体都在评论，中国国内却非常淡定，认为即使总量超过美国也没什么，我们的人均还差得很远。这说明我们的发展不但取得了了不起的成绩，而且整个社会也变得更加理智了，因为我们在进步的时候依然能够对自身的不足保持清晰的认识。一个人真正的进步，要看他在多大程度上看到了自己的不足。如果觉得"我什么都很好、都很完美"，那就很危险了。

但是，中国的这种淡定、知道不足，让一些西方人"感到更可怕，你居然没有兴高采烈？你居然还这么淡定？这的确让我们感到有点胆战心惊"。我告诉他们，中国人没那么可怕，也没有那么复杂，我们只不过是看到自己还有很长的路要走而已。话虽这么说，但我内心还是有掩饰不住的自豪。

这是因为，在今天这个世界上，不管用什么方式计算，算出在不远的未来能超过美国的国家，除了中国还能找出另外一个吗？没有了。中国GDP总量已经超过了10万亿美元，美国是17万亿美元，世界上就只有这两个国家进入了10万亿美元的俱乐部。而且，按照近些年中国的增长速度，未来15年左右，中国的经济总量超过美国是没有悬念的，这必将对国际关系、对中国在世界上的地位产生非常重要的影响。问题是中国有没有做好成为世界第一的准备？当第一就像在一个班里当班长一样，与当副班长、学习委员、课代表和普通学生不一样，班长不但要承担更大的责任，而且还要有更宽广的胸怀、更深刻的远见和能够引领时代的观念。不仅中国没有做好准备，恐怕世界各国也没做好这个准备，包括美国。

如今的中国是一个非常独特的国家，一方面在快速发展，另一方面又面临着诸多问题和挑战，我们应该怎么来看待这个现象呢？我在英国待过两次，第一次是在伦敦大学学习，第二次是在中国驻英国大使馆工作。我对英国很感兴趣，做了一些研究，写了一本关于英国的书。

曼彻斯特是英国工业革命的发源地，但今天的曼城已经是一个比较衰落的地方了。当英国18世纪开始进入工业革命的时候，也只有几千万人左右，比今天北京的人口多一些。工业革命时期的法国、德国也只有几千万人，到19世纪美国进入工业革命时，最多就是1亿人。如今的中国在大踏步迈入工业革命的时候，是多少人？这个全世界都清楚，是13亿人。中国开启了以工业化为主线的现代化之路，在不足半个世纪的时间内，一边是工业化赶超，一边是快速进入了信息化。这么庞大的人口同时进入工业化，在人类历史上从来没有过，这是一个奇迹，当然也是中国为世界所瞩目的重要原因之一。

然而，环境污染、食品安全、资源浪费等问题越来越多，成为影响人们生活，以及中国社会可持续发展的重要问题。今天我看到一条短信，说北京明天又是雾霾天，最近几天雾霾连连，不但影响了人们的心情，还影响了我们的健康。所有这些事前后联系在一起，确实值得深思。

我们可以辩证地来看待这个现象。中国用30多年的时间走过了西方发达国家300年才走过的工业化道路，取得的成绩是惊人的，然而别人也是用了300年的时间来消化工业化道路上的痛苦，化解在此过程中产生的矛盾，建立起与之相适应的社会体制机制。而我们没有300年，只有30年，我们不能用300年，必须在30年内面对这些问题。所以，短时间内几乎所有的矛盾、问题都集中喷涌而出，令人眼花缭乱，应接不暇。这就是今天中国非常独特的现象。

我们希望世界更美好，习近平总书记在联合国发表讲话的时候讲了很多关于发展、维和的问题，其中特别讲到中国在推动人类发展方面的一些关于可持续发展、共同发展等的新思想、新观念，这对世界其他国家，尤其是发展中国家具有很强的借鉴意义。

三

克服文化冲突

再接着讲当年我在英国经历的一些故事。去英国之前，我在国内其实已经学了好多年英语，可到了英国才发现我听不懂他们说的英语，也可能是他们语速快、俚语多的缘故，但根本原因是对他们的文化、历史、风俗、习惯等了解得不够。所以，语言不仅是一个可以交换信息的符号系统，而且是可以承载一个国家、一个民族或一个区域、一个种族历史、文化、风俗的载体。那么，学习语言，除了要学会其语音、语法和文字外，还要阅读和学习用这些语言书写的文字材料，尤其是历史及文学作品。

我当时遇到了一件非常尴尬的事情。有一次上完课，同学们想课后聚餐，问我去不去，我欣然同意。饭后我才发现大家都开始掏钱拼凑，而我却没带钱包，只好悄悄地跟旁边的同学借，实在难堪。事后我心里一直犯嘀咕："他们怎么这么抠门儿，明明你叫我吃饭，结果还让我掏钱。"现在回想起来，那是我经历的第一次"文化冲突"。后来我总结了一下，又结合在美国工作期间的一些经历发现，如果别人不说"我今天晚上请你"，我就要准备自己掏钱买单。这和中国的情况完全不一样，一开始我还觉得他们这是小气，后来才发现这是他们社会交往中非常普遍的规则，叫所谓的"AA 制"。这种差异在观念上的确给了我很大的冲击，也让我认识到不论在什么情境中，都不能仅仅用我的观念和行为模式去审视别人。当然，我也希望别人同样能够用"跨文化"的视角了解和理解中国，这其实是我想强调的，在实际的社会交往中，全面深入的相互了解是非常重要的。

这么多年来，中国所做的、所发生的一件最大的事情就是改革开放。改革开放不仅是中国社会的自我改良和进步，也是中国了解、理解外部世界的过程。我们出去学习、旅游、经商等，所要做的第一件事情就是多了解别人。了解像学习一样，也是无止境的，外面的世界不但多样，而且多变，所以我们要始终保持一颗好奇的心，始终去探寻它的发展变化。我的一句格言就是，"对世界要保持好奇"。我虽然多次去美国、英国等，并在那里待过一段时间，但是每次去我都会睁大眼睛寻找一些以前没有发现的东西。

在美国工作期间，我曾应邀去美国西北部一个叫爱达荷州的大学参加会议。会议的主题是中美关系，会议主办方让我讲一讲中美如何相处。接到邀请后我一直在想，爱达荷州这个地方有点像中国西北地区的甘肃、青海、宁夏等省份，与美国东西部的情况大不相同，他们对中美关系了解多少？如何跟他们讲才更有效呢？

当地人特别喜欢一种球类运动，美国人称之为"football"，不过这个"football"跟我们所讲的"足球"是不一样的，是橄榄球。当时这个学校正在参加大学联盟橄榄球联赛，排名第二，接下来要和另一支球队进行最后的冠军争夺战。这是一个很好的题材，于是我就把这个事情揉进讲话中去，一下就拉近了我与听众之间的距离。

演讲中我说"第二"的位置是尴尬的，面临的挑战和压力都难以想象。作为第二名的球队，既有想成为冠军的冲动和欲望，又有因过早暴露目标而被对方打压和算计的恐惧，再加上那些之前被你超越的人的"羡慕嫉妒恨"，所以处境很尴尬、很忐忑，对吧？我很理解你们此时此刻的心情。就中美关系而言，与美国相比，今天中国就处在"第二"这样的地位，所以我们与你们的球队应当算是感同身受。话音刚落，会场就爆发出一阵阵友好的笑声。没想到的是，他们对我引入橄榄球比赛来讲解中美关系特别感兴趣，觉得很贴切，形象而又生动。

不过我接着又说，体育比赛是一个"zero–sum game"（零和游戏），国与国之间的关系却不尽然，中美关系就是一个例子，是可以实现互利共赢的。以 2008 北京奥运会为例，当时中国获得的金牌数量第一，而美国获得的奖牌总量第一。这意味着什么？这是"win-win"，是双赢。中美双方都是赢家，没有输家。说罢，现场又发出不少的笑声，气氛活跃。会后有一位老者走到我跟前，说很喜欢的我比喻，他还若有所思地说，中美就应该合作才行。第二天当地媒体还进行了报道，引用了我的有关发言。在跨文化交流过程中，日常生活中的很多普通而又平实的现象，只要你留心，就可以发现它们能够帮助我们理解和解释一些复杂的、一般语言难以说清楚的问题，可以用来表述诸如国际关系、外交关系等比较抽象的问题。

四

远交近善

前不久，我去了一趟肯尼亚，特意看了它的一条铁路。世界上铁轨有三个标准，一个是窄轨，一个是标轨，一个是宽轨。中国用的是标轨，俄罗斯、蒙古国等国家的是宽轨，肯尼亚国内铁路用的却是窄轨。这是英国人 100 年前殖民肯尼亚时期修建的，肯尼亚解放独立后就没再修过铁路，如今这条铁路仍在使用，但已经破败不堪。现在中国正与肯尼亚合作修建一条从蒙巴萨到内罗毕横贯肯尼亚东西的大动脉——"蒙内铁路"，这条铁路是中国在非洲继"坦赞铁路"后的又一大手笔，而这条铁路使用的就是中国的标准。肯尼亚方面对中国很感激，希望将原计划的铁路里程再延长 100 多公里，延伸到一个叫纳瓦沙的地方，这是未来肯尼亚准备精心打造、开发的一个经济区。

一位肯尼亚朋友告诉我，"是中国在真诚地帮助一些兄弟国家实现他们的梦想"。肯尼亚现在能够有这样一条崭新的铁路，对他们经济的拉动是巨大的。他们看到中国这些年的发展和进步与以铁路为代表的基础设施建设密切相关，觉得不但要学习中国的发展模式，还希望借助中国的技术与资金，他们认为中国是实实在在地在帮助自己。

中国铁路修建的效率非常高，2014年开工，我2017年在那儿的时候已经铺轨80%了，这简直是不可想象的。修建过程中，中国公司雇佣了很多当地的工人，创造了很多的就业机会。所以，他们看好中国，相信中国，希望分享中国的一些发展机遇，借鉴中国的发展经验。中国的发展是开放性的、包容性的发展，我们既分享发展经验，同样也会分享中国的发展机遇，这是新时期中国的发展理念、国家关系理念的具体体现，其中"共商""共建""共享"是基本原则。

中国经济发展迅猛，难免让人觉得"咄咄逼人"。中国的陆上邻国有14个，你在世界上哪里还能找出第二个有这么多邻居的国家？在我看来，这应该是个好事，我们都喜欢跟邻居在一起，中国有句俗语"远亲不如近邻"。但英语中有"爱全人类容易，爱邻居很难"的表达，这是什么意思？就是说邻居是很不好相处的，总有磕磕绊绊，所以他们就在想中国发展了以后，会不会示强啊？有一些心里顾虑。虽然不少国家对与中国开展经济合作非常感兴趣，但疑虑还是有的。我觉得，疑虑所导致的隔阂要通过长期的交流来化解。

我在东南亚国家出差的时候发现，那里的民众有一个比较普遍的心理，他们称中国是"北方邻居"，希望能搭上中国发展的顺风车，却又有些担忧中国这头沉睡的雄狮醒来后会对他们产生冲击，这种矛盾心态随处可见。对中国而言，要在世界上树立自己的新形象，争取好感、赢得信任并不容易。

比如现在吵得很厉害的"南海问题"，中国正当的维权行为和做法却被歪曲，被描述为"中国示强"的表现。而美国却无端介入，还派其军舰、飞机强行"巡航"南海，挑拨中国和一些邻国的关系。

中国将遵循和平共处五项原则，"亲、诚、惠、容"的周边外交原则，与邻国友好相处。中国有这么多邻国，又有这么多分歧或争端，但我们坚持通过谈判、协商来化解。当前，中国和14个陆上邻国中的12个国家已经划定了边界，这是一个了不起的成就。划定边界是一件非常复杂与困难的政治和外交工作，要经历漫长的谈判，而且需要很多数据。每一段边界都不一样，要把它们划出来、划清楚，需要双方互谅互让，相互妥协，找到双方都能接受的方案。有些问题一时难以解决的，可以慢慢积累信任，循序渐进地找到化解之道。

与美国相比，中国的周边关系的确复杂得多。美国只有两个邻居，北边一个加拿大，南边一个墨西哥。不过，墨西哥的朋友就显得有些忧虑，他们总是说"这是墨西哥人的宿命，因为我们离上帝太远，离美国太近"。

五

二战东方主战场

2015年是二战胜利70周年，全球都在纪念。二战结束70周年之际，关于二战期间中国所做的历史贡献仍未得到客观公正的评价。关于二战史的大量书籍主要是欧洲人、美国人写的，他们不会浓墨重彩地来写中国的这段历史。所以，中国学者应该承担起这个历史责任。2015年中国为什么要搞隆重的阅兵纪念活动呢？其实就是向国际社会传递"中国是二战东方主战场"这样一种历史观点。2015年初中国曾担任联合国安理会的轮值主席国，这期间有两件有意思的事情和大家分享。

2015年2月26日，联合国大会通过决议，其中有两个"第一"。一个"第一"强调，认可各会员国对反法西斯战争有各自的胜利纪念日。也就是说，联合国100多个会员国，当时卷入二战的有好几十个国家，开始的时间有早有晚，结束的日子也有早有晚。这一点很重要，为什么重要？目前一直流行一种带有偏见的观点，认为二战就是从欧洲开始，在欧洲结束。1939年9月1日，德国闪电战进攻波兰，二战序幕正式拉开。1945年5月8日，德国投降，二战结束。西方史学界认为这是二战历史的起始时间。但是，在我看来，这个观点是不够客观准确的。1945年5月8日只是欧洲战场的结束，二战是世界大战，此时亚洲的战争仍在继续，所以5月8日不能说是二战结束的时间，最多只能说是欧洲战场战事结束的时间。

9月3日是中国抗日战争胜利纪念日。5月8日德国宣布无条件投降以后，日本还在负隅顽抗。1945年7月26日中美英三国发表《波茨坦公告》，主要内容是敦促日本无条件投降，日本仍不投降。美国扔出了两颗原子弹，苏联红军出兵中国东北，对日本宣战，一直到9月2日，日本才在东京湾的"密苏里"号舰上签署投降书。第二天，也就是9月3日，中国举国欢庆，这一天成为中国抗战胜利纪念日。

另一个"第一"也与此相关，联大决议第一次提到了"亚洲战场"，认为第二次世界大战对全人类，特别是亚洲、欧洲等地区民众造成了深重苦难。欧洲的确是二战的一个主战场，但亚洲同样是主战场，决议提及"亚洲战场"，实际上就肯定了中国作为二战东方主战场战胜国的历史地位。2015年联合国大会通过这样一个决议就很有历史和现实意义。

我曾接待过一个印度代表团，这是由20多位印度智库学者、大学教授组成的代表团，主要是谈亚洲、中印关系等问题。其中一位印度学者的观点让我十分惊讶。他说：印度对二战的看法和中国的看法就完全不一样。比如说日本，我们不觉得日本像是侵略者，所以印度对日本没有像中国对日本那种仇恨、反感，并不认为它（日本）要修宪就是否定侵略历史。在一定程度上，印度认为是日本帮助自己把英国殖民者赶走的，是印度的"解放者"。从他的话里听得出来，印度对日本怀有"感激之心"。这对我来讲是根本无法理解、令人吃惊的事情。但对于二战，印度人与我们的想法的确是不同的。当年在东京审判的时候，有一位大法官叫帕尔，是一个印度人，他就认为日本无罪。正因如此，联合国客观公正地解读和评价二战历史才如此重要。

如今，二战结束70年了，国际形势已经发生了天翻地覆的变化，现行的国际体系、国际秩序已经难以适应变化了的形势，到了不得不改革调整的时候了。以中国为代表的广大发中展中国家大多持这种观点，而那些现行秩序的最大得利者却不以为然，反而认为这是谋求推翻现行秩序。但是不管么样，今后围绕国际关系、世界秩序的发展会有很多争论，争论将一直存在，且会愈演愈烈。

六

结伴不结盟

我在讲到与国际社会交流的时候，总是强调"理解"的重要性，理解是实现尊重的前提。

习近平主席向美国总统奥巴马提出要建立"新型大国关系"，其中有一条就是相互尊重，这是非常重要的，也是我们对外交流过程中非常重要的原则。我们对自己的历史、文化传统很自豪、很自信，其实每一个国家都是如此，每一个国家都对自己的历史和文化很自豪。具有不同历史、文化的国家间的交往，不仅需要相互尊重的思想，而且需要互相尊重的行动。"己所不欲，勿施于人"，这是中国古人的政治智慧。问题在于，任何国家都不能因为对自己历史、文化的自豪与自信，就将其移植到其他国家，让其他国家照搬或照抄，这是不合理的。国家间的矛盾、冲突大多时候也是因互不尊重而产生的。

美国1776年才建国，至今才200多年的历史。然而，美国有一种与生俱来的使命感，这种使命感就是把它的东西强加给别人，美国认为自己是全人类的灯塔、上帝的选民，因此在对外交往的历史过程中，屡屡干涉别国内政，甚至将它的制度强行移植到其他国家。与之相对的是，中国在具体的国际关系实践中强调相互尊重基础上的合作，我们不将自己的好恶强加于人。

中国前外交部长李肇星讲过一个故事。有一次他和美国国务卿奥尔布赖特聊天，她好奇地问李外长："外长先生，你告诉我，用一个词来形容你们中国外交，会是什么？"这是个很有挑战性的问题，中国外交博大精深，三言两语难以言尽。李外长毕竟是老外交官，他说："Lady first（女士优先），你先用一个词形容美国的外交是什么。"他把这个问题推给了奥尔布赖特。她毫不犹豫地说："Leadership（领导）。"然后李部长说："我们的外交原则叫 partnership（伙伴）。"你看，一个伙伴，一个领导，各得其所，却大相径庭。

美国人总以老大自居，总想领导世界，这就是美国最显著的特点。如果有一天美国觉得自己的领导地位受到了威胁，它就会极力清除这个威胁。现在美国总是很纠结，一方面觉得当领导太累了，努力为国际社会办好事，结果费力不讨好。有一次跟美国朋友聊天，他说："现在有这么多人骂中国，你开始尝到我们美国被骂的滋味了。"他又说："你们知道有多少人骂美国吗？现在还天天有人骂。但我不 care（在乎）。Who cares（根本不在乎）？！"

另一方面，美国当了这么多年领导，一定程度上在心理形成了对"敌人"的依赖，它时时刻刻都离不开"敌人"或"对手"，可称之为"敌人饥渴症"。没有敌人，美国就会很不安、很难过或很无聊，所以就要到处找敌人。没有敌人，它就去制造敌人。冷战时期，美国的生活虽然很紧张，但是踏实，他知道"敌人"在哪儿，可以说每天都是在与"敌人"相伴的状态下度过。

冷战一下子结束了，苏联没了，俄罗斯衰落，不能和苏联相提并论，这时候美国的苦日子便开始了。没有敌人，生活就失去了目标，于是就开始寻找，不是在找朋友，而是在找敌人。一段时间说俄罗斯是敌人，过一段时间说或许中国才是敌人，有时又难以确定，直到现在还处于徘徊的状态。前几天一则消息称，奥巴马和他的几个高层官员开了一个会，议题就是美国将如何继续领导世界。但是他也清晰地意识到自己力量的衰落，意识到自己的权威开始遭受挑战，他说俄罗斯是美国最需直面的敌人和挑战，而中国是一个长远的、更复杂的挑战。俄罗斯是近忧，中国是远虑。

中国则不一样，中国没有把谁当成敌人，而是要发展对外友好伙伴关系，加强与其他国家的双边关系，不建立针对任何第三方的结盟性质的关系，这叫"结伴不结盟"。所谓的"结伴"，就是成为合作伙伴，跟大家都搞好关系，"不结盟"就是不搞军事联盟，不针对任何其他方。

现在美国在亚洲、欧洲等地区还有很多带有军事及安全性质的联盟，这是有假想敌的、有明确针对性的联盟体系。于是，结盟的国家就会根据它们想象的威胁强化自己的军事能力和联盟关系，甚至为了增加军事联盟的合法性、合理性，蓄意制造一些冲突和紧张。我跟美国人讲，中国并不想跟你冲突，不想跟你对抗，想要的是合作共赢。然而，美国人心里还在嘀咕：是不是在"忽悠"他们？新型大国关系到底如何实现？你一会儿搞一个"亚投行"，一会儿又搞一个"一带一路"，到底要干什么呢？

2015年8月，我又到华盛顿去交流，见了一些官员、学者，感觉他们仍很纠结。纠结什么呢？以前我参加会议时，他们都说中国学者应该"speak out"（多发声），讲一讲你到底想干什么，增加你们政策和意图的透明度。然而，现在不同了，最近几年的国际会议上，只要有机会，中国学者都积极发言。然而，问题又来了，我们现在开始主动表达、大声说话，他们又开始害怕担忧了，会说原来你的想法还挺多，是不是要另起炉灶呀？这就是今天美国对中国的纠结。对美国而言，无论中国怎么做都是挑战。尽管如此，同学们，以后有机会大家还是要多发言、多说、多讲、多交流。

中国国际地位的提高，与2008年金融危机有一定的关系。2008年金融危机的爆发，一下把中国推到了世界舞台的聚光灯下。中国可能还没准备好，但是没有人会给我们准备的时间。中国今天面临的挑战还很多，还没有完全适应，边学边适应，边适应边干。幸好中国领导人都善于学习，都学得很快，适应得很快。

有一点是可以确定的，中国今天再也回不到过去了，必须学会在万众瞩目中讲话、提出想法、发表观点，而不能再安安静静地待在边上了。这就是中国今天在国际上的处境，是一个很大的挑战，也是很大的机遇。我们要和外部世界进行交流，讲中国故事，在了解世界的同时，让世界了解自己。

七

俄罗斯的黑与白

下面谈一下俄罗斯。我 2015 年去俄罗斯访问，觉得俄罗斯现在也很犹豫，好像怎么做都挺为难的。俄罗斯人跟我讲，过去对美国、对西方忍气吞声，但西方还是不放过俄罗斯，北约东扩、欧盟东扩、干涉俄罗斯的内政等。俄罗斯的文化、俄罗斯人的性格决定了俄罗斯是不甘寂寞的。2014 年国际关系中最引人注目的事件就是"乌克兰危机"发酵，克里米亚被俄罗斯收入囊中，这让西方大吃一惊。因为冷战结束至今，俄罗斯整个国家全面衰退，在收缩调整、改革中不断自我修复，在国际关系中也显得很保守，但今天俄罗斯是怎么了？竟然公开与欧美叫板，公然把克里米亚从乌克兰手中拿了过来。克里米亚是一个在地缘上和历史上对俄罗斯都很重要的小岛，见证了苏联的建立、二战抗击纳粹的历史，见证了苏联成长为战后世界超级大国的辉煌，也见证了苏联的解体和俄罗斯冷战后蹒跚前行的挫折与艰辛。

俄罗斯人说，西方就是不会放过他们，今天俄罗斯不能再忍受下去。用普京的话说，大家把俄罗斯比做一头熊，这是俄罗斯的一头可爱形象，但是俄罗斯做不了一头安静的小熊。普京是俄罗斯很有魄力和作为的领导人，中国网民称他为"普帝"，即普京大帝的意思。他这个人应对媒体的能力、讲话的能力是超强的，在每年的例行年度记者招待会上，他侃侃而谈，可以讲几个小时。

普京讲了一个"什么叫俄罗斯"的故事。说的是有两个朋友在街上见了面，一位朋友打了个招呼："哎，哥们儿，这两天怎么样啊？日子过得如何？"老朋友回答说："生活嘛，就这样，就像黑的和白的花纹一样，有黑的，有白的。"这位朋友接着问："那么你现在的状况是白的还是黑的？"他说："现在当然是黑的了。"过了半年两人又见面了，这个老兄就问："上次我们是半年前见的面，你现在日子怎么样，是白的还是黑的？"朋友说："当然还是黑的了。""啊？你不跟我说是一半黑的一半白的吗？怎么现在还是黑的？"朋友回答说："我现在回头看那段黑色的日子就是白的呀。"这个故事很诙谐，但普京说，这就是俄罗斯，这就是俄罗斯今天的状况。

普京还谈了与土耳其的关系，立场很强硬，土耳其把俄罗斯的战机击落了，俄罗斯很愤怒，普京当时就说："我们在前边杀敌，你在背后捅我刀子。"这里所谓的"杀敌"指的是在叙利亚反恐。2015年联大开会时，普京跟奥巴马谈了半个小时，谈得还是不错的。但是刚一谈完，普京就宣布对叙利亚境内的反政府武装进行空中打击，动用了最先进的战机，甚至还有战略轰炸机，并从里海的航母上发射了巡航导弹，长途奔袭1000多公里打击叙利亚北部的"伊斯兰国"极端势力。俄罗斯说命中了95%的目标，打的都是"伊斯兰国"暴恐分子，摧毁了他们的营地。美国、土耳其却说，俄罗斯的命中目标只有5%，其他95%都打错了，打的是反政府武装。要知道，虽然美国与俄罗斯都称自己在叙利亚反恐，但此恐非彼恐，美国和土耳其是想要推翻叙利亚巴沙尔政权，而俄罗斯是要维护巴沙尔政权，因此各自的打击目标也就不言而喻了。

这就是最近在叙利亚上演的一场精彩的权力游戏。

　　2013年，我到过叙利亚。叙利亚危机引发的战争从2011年就开始了，战火一直到现在仍在燃烧。前段时间大家看到大量的难民涌向欧洲，其中大部分是从叙利亚逃出来的。德国现在已经接受了100多万难民，总理默克尔承受着巨大的压力，因为接踵而至的是难民在欧洲引起的社会问题，其中暴恐袭击是最令人头痛的事情。短短一段时间内，在意大利、法国、德国等发生了好几起暴力袭击事件，引发了欧洲国家对难民政策的反思，他们担心难民中会混杂一些爆恐分子，因此收紧难民逐渐成为共识。

　　我去叙利亚的时候，内战已经开始，打得非常惨烈。我去了战争最激烈的霍姆斯，当我从车上下来时，脚底踏在那块被战火烧焦的土地上时，听到了吱吱的声音，令人惊恐。叙利亚朋友告诉我霍姆斯曾经是叙利亚非常繁华的地方，但现在我眼前什么都没有了，全是残垣断壁，整座古城千疮百孔。叙利亚在中东地区是一个世俗化非常高的国家，在大马士革老城区有教堂，基督徒可以去做礼拜，旁边就是清真寺，再远一些地方还有库尔德人等其他少数民族的宗教场所。不同宗教派别的人能够在一起和谐相处成百上千年，可如今这种和谐、繁荣的景象都没有了，留下了荒凉与仇恨。我觉得这是一个极大的悲剧，叙利亚已"国将不国"了，它是权力斗争的牺牲品、意识形态斗争的搏杀场。

八

世界很大 值得去看

　　最后我想鼓励大家有机会多出去看一看。不是有这么一句话吗？

"世界这么大，我想去看看"。同学们应多出去走走，去看看异域风情，感受异国文化，这样我们才会更加了解别人，也更加了解自己。

2015年我在智利出差时碰见一个中国学生，她大学毕业后就到智利的孔子学院做志愿者。我问她为什么要到这么遥远的地方来？她说大学毕业后不是特别想马上找一个稳定的工作安顿下来，然后按部就班地生活，她对外边的世界很好奇，很想出来看看。她在智利已经呆了两年，西班牙语讲得非常流利。她还告诉我，来孔子学院学习的不只是学龄阶段的年轻人，还有一些已经参加工作的中年人，甚至还有不少老人和小小孩儿。有人想通过学习汉语找到一份更好的或与中国相关的工作，有人则是出于兴趣，一种了解中国的好奇心。

有一次我在北京一个夏令营给外国学生讲过一堂中国外交课，这个活动是香港的大学组织的，学生主要来自美国、加拿大。我和他们聊天时问来中国参加夏令营是不是因为学过中文？令人意外的是，他们大多说来中国的直接目的并不是因为要学中文。我问那为什么要来参加这个班呢？他们说现在身边的人，包括同学、老师、朋友、亲戚都在谈有关中国的事情，自己却插不上嘴，不谈中国就缺少一个很重要的话题，但是在书上和网站上看一些关于中国的东西非常有限，所以觉得最好的方式是亲自到中国看看。中国正在发生日新月异的历史变化，去亲身感受一下，之后就可以和朋友同学们讲在中国的见闻了。他们的想法和做法我觉得非常朴实、有道理。

一个新的国家、新的地方，只要有机会，我都会亲自去看看。一年或者两年，一个月或者两个月，甚至是几天或者几个小时都行，拥挤的街道、熙攘的市场……感受一下这个国家或地区别样的文化和风情，其实这也是一种理解和学习。理解和学习的目的是什么呢？就是要相互借鉴、共同进步、共同发展，这就是我们人类共同的目标。

谢谢大家！

> 互动环节

问：阮老师您好，针对今天演讲的题目，我有一些自己的想法。我觉得跨国外交应该思考三个方面的问题，首先我们要认识自己是谁，最后是了解别人的故事，然后才是怎么样智慧地表现自己。您觉得这三个方面中哪个方面是我们目前迫切需要的？第二个问题，您觉得我们这些学习人文社科的，尤其是学习中国传统语言文化的同学，能够为祖国的交流做一些什么样的事？

答：谢谢你的问题，非常好的问题，提出了认识自己、然后了解别人、然后再是表述。我觉得是这样，现在中国的发展太快，世界对中国的期望也越来越大，所以这三方面是没有先后顺序的，你可能在同一时间必须做三件事，这就是今天中国面临的最大的挑战。你必须一边表达一边学习，一边学习一边表达。所以，最重要的一点，我觉得是要保持一种好奇，就是随时有一种好奇之心，尽量去了解。但并不是说了解得非常透彻后才去表达，你一定要同时参与表达，这个很重要。传播学中有一个窗口理论，就是说两个人在聊天，如果只听一个人讲，这种聊天效率是最低的。别人的表达是一个窗口，你的表达是一个窗口，这两个窗口是要有所交接的，这才是一个最好的聊天方式。我觉得，对现在的中国来讲，我们的表达能力还是很欠缺的，在国际上、在很多地方我们的表达是非常欠缺的。

关于怎么做对外交流，我觉得做对外交流一定要做一个有心人。就是你的脑子里要储存很多东西，针对不同的人或者不同背景的人，最好跟他们讲一些能够引起共鸣的东西。这就要靠你的积累了，但是积累了之后一定要找机会把它用上，你要用不上的话它永远是别人的，永远在图书馆里，你要用上了它就是你自己的。

问：美国总统奥巴马说美国人还要再统治世界100年，您认为以美国现在的国力能否做到？

答：感谢你的问题。美国说他要再领导世界100年，我刚才讲了一个故事，叫"Leadership"，对吧？所以我没说错，美国就是关心这个"Leadership"，什么时候他都要当领导，他为什么说要再领导世界100年呢？就是说他有一种担心和隐忧，认为他的领导时间可能屈指可数了，其实他有点自己吓唬自己。我跟美国朋友交流过很多，我说中国才不愿意当这个领导！当"Leadership"是一件非常"Expensive Business"，会花费很多钱和精力，美国现在自己都觉得有点捉襟见肘，我说中国不愿意去当这个领导，我们只是想做一个伙伴，跟大家一起创造一个共同进步的社会和世界。话说回来，这个问题又值得这样来思考，美国为什么会有这样一种担心？其实你们来看美国，历史确实很短，但是它一路走过来，其本身的历史就是一段奇迹，一个大国能够在200多年里发展成一个超级大国，这也是在创造历史，所以它一定有过人之处。但是，世界就是这样，风水轮流转，今天的英国听见美国说这话的时候不以为然，英国人讲，我过去有200年帝国的历史，那又怎样？而且要当领导的话，还要看能否得到世界广泛的支持。但今天出现一个很有意思的现象，我们知道联合国设立五大常任理事国的目的是维护世界的和平，可是我们看到五大常任理事国中的4个国家都在打仗，美国在打，俄罗斯在打，英国也派兵了，法国就更不用说了，巴黎恐袭事件之后他就参与了俄罗斯的反恐战争。这说明一个什么问题？而我们中国在跟大家讲伙伴，讲合作，做生意，让大家一起发财、修路、建港口，中国是这样做的。所以，美国这个100年也是想说给别国听，别挑战我的领导地位。我认为现在中国不愿意当这个领导，应该多花点时间把我们自己的事情处理好。当然话又说回来，今天中国既然是联合国五个常任理事国之一，就有国际责任，我们也在履行自己的国际责任，你看习近平主席这次去联合国访问，拿出了多少大手笔的债务，中国现在是五常当中维和出兵最多的国家。我们还提出要帮助非洲联盟，帮它们组建维和部队，所以中国现在做了很多事情，但中国不是要挑战或取代谁。

问：阮老师您好，刚才您讲到了叙利亚的问题，现在欧洲好多难民是从叙利亚过来的，欧盟的安置措施都是临时的，如果从长期考虑，包括文化冲突等，欧洲该怎么办？

答：我简单回答一下这个问题，今天有这么多的难民，德国已经是100万难民，叙利亚有2000万人，有1000万人基本上是流离失所的，其中有一部分人就到了欧洲地区，当然还有像利比亚等其他一些北非国家的难民。随着暴恐事件的增加，欧洲人确实感到有一些不安，担心这些人来了之后该怎么融入社会。这个世界应该是一个更和平稳定的世界，不然的话这些人就会产生一些极端的思想，就去投奔一些极端势力，就会造成更大的不稳定。未来世界是一个什么样的世界，我觉得未来的世界不会以一个国家的价值观为代表，是一种多元包容的文化价值。所以西方在说你不好的时候，是以他的价值观作为唯一的价值观来衡量世界，这本身就犯了一个错误，应该是多种文化、多种价值观相互包容共存，你以一个价值观作为中心去对其他价值观会造成一种压迫，造成一种抗拒，就会带来世界的不稳定。所以你提的这个问题非常好，这个世界秩序应该靠什么，我觉得还是应该靠一种多元的文化和价值。大家在这样一个平台上，都能有自己的代表和声音，而不是靠某一种，现在的问题是西方认为它的价值观是唯一正确的，你和它的不一样，它就认为你是异类，这本身我觉得也是在制造矛盾，所以这个世界不稳定，也是和这些问题有密切关系的。

问：老师您好，我的问题是现在的中美关系可以说是你中有我、我中有你，但是2015年下半年来，中美关系风波不断，比如TPP问题、美国再次对台军售问题，您怎么看？

答：简单讲中美关系，我觉得应这样来看，中美建交其实时间很短，到2015年也就36年，但是我觉得这36年间中美关系是大国外交中非常有特色的外交关系。比如说，从贸易上讲，我们建交的时候是25亿美元，到2014年是5551亿美元，增加了200多倍。2014年美国总统奥巴马访华，双方达成一个关于人员往来的互惠安排，美国现在和我们的旅游签证有效期是10年，这样的一个安排带来的是多米诺骨牌效应，很多国家都在对中国签证做互惠安排，所以中国护照的含金量越来越高，这是外交部正在做的工作，这些都是很好的消息。在国际上，中美两国联手可以做更多的事情。但同时中美关系又很复杂，用中国一位前驻美大使的话来讲，中美关系是世界上最复杂、最难相处也是最难处理好的一对关系，具有独特的挑战性。最近要提到两件事，一个是南海，美国强闯中国南海的岛礁是没有道理的，这是挑衅行为，而且严重威胁到中国的主权和领土安全，所以它巡航过程中，中方都进行了跟踪、查证，而且对它进行喊话，我们做了该做的事。另一个就是对台军售，这是奥巴马上台后第三次对台军售。我们坚决反对美国对台军售，而且外交部发言的时候讲我们要对美国进行制裁，凡是参与了军售的公司，我们都拉入了黑名单，休想和我们合作，我们现在要动点真格的，精确打击。但是从另外一个角度我们又看到，美国这次军售的整体数量还是有相当的压缩，而且刚才你也讲到是时隔4年，我想这可能是奥巴马任期内最后一次对台军售。当然我们特别警惕的是2016年特别敏感，台湾要举行所谓的"选举"，两岸关系会非常紧张，这时候美国对台军售我们一定是不高兴的，而且是坚决反对的，所以与美国一方面我们要合作，同时该斗争时我们也要进行斗争。

问：阮老师您好，我在中央民族大学调研时，有老师告诉我，世界近代史就没有把中国近代史写进去，我们中国的文化就没有真正得到世界的认同。您站在外交的领域，就是从外交方面认为可以从哪些领域推动我们中国的文化更加主动积极地融入世界？

答：这个问题很好，也很重要。中国文化在传播的时候有两个挑战，第一个挑战是我们的文化太复杂了，你能用简单的语言把我们几千年的文化讲一下吗？什么最代表中国的文化？我能列出一大堆，这是我们文化传播的一个困难，我想表达的太多了，这是一个挑战。另外一个挑战是我们传播文化的时候，还是有些向后看，我觉得这也是个挑战或问题，我觉得中国文化应该是更现代的，能表达中国最如火如荼的现实生活，应该把着眼点拉到现实中来，目前大家对中国的兴趣来源于这些年中国的发展，虽然也有人对古代中国感兴趣，但是人们最想了解的是现代中国，是正在上演的改变中国、改变世界的大戏。我们的文化传播老是在重复着四大发明、丝绸之路，这都是很遥远的过去。在纽约的时代广场，新华社花费十几亿投入广告，我问周围的外国朋友，你怎么看这个广告？外国友人回答说，他就只看到了几个老男人和几个女人，除此之外没有别的印象。当然了，我们中国人知道这些是我们的名人，但是在国际上他们并没有知名度，外国人熟知的也就只有中国的姚明，并且对姚明的评价很高，其余的谁都不认识。所以恕我直言，中国应该塑造更多代表今天进步的中国英雄，比如获诺贝尔奖的屠呦呦。我在钓鱼台参加中东欧"16+1"会议，在讨论有关文化时，外国人就提到屠呦呦这位获得诺贝尔奖的科学家，这就是英雄和杰出人物的效应，我没想到他们会提到她，我很高兴，屠呦呦成为年轻人的偶像、一个时代的符号。所以说，推广中国文化是一个很大的挑战，别人的文化很简单，而我们能代表的东西很多，所以我们要塑造能代表今天中国成就和广泛知名度的类似屠呦呦、姚明、马云这样的人物。这些符号要比我们去宣传四大发明、考古发现都来得实际。复杂的中国要简单地表达，应该让人希望去更好地了解中国，不要复杂得让人知难而退。

问： 我想知道您对台湾选举的看法，一旦蔡英文当选，中美关系的走向会怎样？

答： 还有一个月台湾就要开始投票了，照现在的趋势来看，蔡英文当选的可能性最大，这首先会带来两岸关系的问题，蔡英文现在不提"九·二"共识，但它是两岸关系和平发展的政治基础，而且发言人也讲过，否定"九·二"共识，就会地动山摇。所以，我们要做好各种准备，其中包括应对民进党上台。我们有一个基本的判断，即使民进党上台，也会重点关心台湾岛的经济，现在台湾在经济上出现了很大问题，市场狭小，并且大学生毕业之后找工作很难，感觉前途很渺茫，希望到大陆来，但这一定要在两岸和平发展这样一个轨道上运行。设想两岸关系如果出现风吹雨打，这样内部出现的压力就会增大，我们当然不会轻易接受以牺牲台湾人民福祉为代价。美国最近对台军售，在某种意义上也是对 2016 年的选举施加影响，因为军售鼓励了岛上的"台独"势力。但美国在两岸关系上也有一条底线，就是说他不会允许像陈水扁这样的人出现，如果要把两岸关系引上一个可能出现冲突的边缘，也不符合美国的利益，这是核心问题。因为一旦两岸关系出现不可控的状况，我们一定会采取强烈的措施，这必然会影响到美国，当年陈水扁搞"台独"，美国乔布斯用了非常尖锐的话语对他进行批评，所以我想蔡英文会吸取一些教训。所以，对于近期两岸关系我们要保持相当的警觉，但是中长期的两岸关系不会发生翻天覆地的变化，除非蔡英文想挑战两岸关系。

第四讲

全球视野中的中国道路

— 孔根红 —

尊敬的各位领导、老师，各位同学：

大家下午好！

很荣幸来到我们著名的北京语言大学，同大家交流中国道路的问题。这些年因为工作的关系，我到访过很多国家，所以非常高兴看到有很多外国留学生也来到这里交流，其实你们本身就是中国道路的见证者，将来也是中国道路的传播者，因为你们是中国最信任的"知华派""友华派""亲华派"，是中国在国际社会中现在和将来可以依靠和借助的力量。若干年以后，你们可能会回到你们的国家做领导、做总统，期待你们！

关于中国道路的问题，大家讲了很多。这个概念有广义和狭义之分。广义来讲，我们可以放在历史的坐标中来考察。按照习近平总书记的话来讲，中国道路是从中国改革开放30多年来的伟大实践中走出来的，是从中华人民共和国成立60多年来的艰辛探索中走出来的，是从鸦片战争以来近代170多年的发展历程中走出来的，是从对中华民族5000多年悠久文明的传承中走出来的。更宏观一点，把它放在世界历史中来看，这是世界上史无前例的一条道路。狭义上，中国道路指的是中国改革开放30多年来形成的具有中国特色的社会主义道路。今天的报告，我想围绕5个方面来讲：

第一个问题：中国道路改变了中国命运

  同学们知道，一个国家的发展道路正确与否，事关一个国家的兴衰成败。中国人对这条道路探索了很久。大家都知道，中国是一个被世界公认的具有悠久历史文明的伟大的国家。英国著名历史学家安格斯·麦迪森有一个关于世界经济千年的数据统计，数据显示，从公元1000年开始中国的国内生产总值一直占世界的1/5以上，而且从1700年到1820年的120年当中，中国的GDP一直排名世界第一，在这两个年份分别占世界经济总量的22.3%和32.9%。英国科技史学家李约瑟说，从公元1世纪到18世纪，由中国传入欧洲及世界各国的重要发明有26项，中国在科技和知识方面的积累远远超过其他国家。美国历史学家保罗·肯尼迪说，在近代以前世界所有的文明当中，没有一个文明比中国的文明更发达。所以，在世界历史上，中国是一个伟大的文明古国。但是，近代以后，中国从九天之上落入了痛苦深渊。从1840年开始，几乎世界上当时所有大的、小的帝国主义国家都侵略过中国，两次鸦片战争、中法战争、甲午战争、八国联军侵华等，这些国家把中国瓜分了、分裂了，之后大约在80年的时间里，中国被迫签订了900多个丧权辱国的不平等条约，为这些战争发动者支付了巨额战争赔款，有20个国家在中国设有租界，中华民族濒临亡国灭种的边缘。

  中国人民从一开始就奋力抗争，前赴后继，不畏牺牲，然而由于各种原因都失败了：太平天国运动14年，最后被中外反动势力剿杀了；义和团运动3年，无论是反清复明还是扶清灭洋，都以失败告终；洋务运动40年，同样难逃惨败的命运；维新运动、变法运动，也只是坚持了103天便寿终正寝了；伟大的辛亥革命结束了2000多年的封建历史，开启了新时代，然而革命成果被北洋军阀窃夺，空留孙中山"革命尚未成功，同志仍需努力"的遗训；两次国内革命实现了全国的统一，然而由于蒋介石的军阀独裁，孙中山提出的"三民主义"理想难以实现。

中国的路在何方？谁能改变中国？道路问题牵涉到中国的大变局、大方向。也就是说，1840年以后，中国所有的道路都试验过，君主立宪、帝制复辟、议会制、多党制、总统制，都统统失败了。毛泽东说："山穷水尽，诸路皆走不通了。"梁漱溟在谈到中国近代为什么落后时总结了两大原因，一是我们的机器不如外国人的，二是我们的政治组织不如外国人的。所以，中国要有一个先进的政治组织。这样，历史的任务落到了中国共产党的肩上。

1921年，中国共产党诞生了。中国共产党登上中国近代历史的舞台，办了三件大事。第一件是用28年的时间完成了新民主主义革命，实现了人民的解放、民族独立，先后经历了北伐战争、土地革命，打败日本帝国主义，最后推翻了国民党反动派，建立了新中国。第二件是完成了社会主义革命，建立了社会主义制度。经过长期的探索，我们取得了很大成就，也犯过一些错误。然而，尽管犯了错误，我们还是纠正了错误，这决不是要否定建国后到改革开放前的30年探索，而是在此基础上总结经验、反思错误、继续探索前进。习近平总书记说，建国后的这30年为后来的改革开放奠定了基础。第三件大事就是创立了中国特色社会主义，这是从中国改革开放30多年以来的伟大实践中探索出来的。

二

第二个问题：中国道路创造了世界奇迹

大家知道，在建国初期，中国人连一根火柴、一颗钉子这样的东西都造不出来。1949年，中国人均GDP只有27美元，而当时整个亚洲国家的人均GDP已经是44美元了，印度是57美元。1949年，中国的工农业生产总值只有466亿，其中农业占了70%以上的比重。改革开放后的30年，中国以每年约10%的增长速度创造了世界奇迹，中国被称为经济发展的高速列车。2005年，中国的GDP超过法国，2006年超过英国，2007年超过德国，2010年超过日本，现在已经连续6年位居世界第二大经济体。中国从一个一穷二白的国家，进入了世界舞台的中央。

我们来看一组数据。第一，经济方面，中国创造了伟大的奇迹。1820年，美国的经济总量是124亿美元，1952年中国的经济总量约为679亿人民币，约合142亿美元，也就是说，中国1952年的经济总量同美国1820年的差不多。但是，到2000年，美国经过180年的发展达到了10.28万亿美元。而中国经过65年，特别是改革开放以后30年的发展，到2015年经济总量约为10.8万亿美元，超过了2000年美国的水平，这意味着什么？也就是说中国用了65的年时间赶上了美国180年的时间，这在世界上是绝无仅有的。2015年，美国的GDP是17.4万亿美元，中国的是10.8万亿美元。尽管中国与美国还有一定距离，但是差距在不断缩小。

第二，产业结构方面，中国发生了深刻变革。1949年，中国整个国家的工业生产总值相当于比利时的1/15。改革开放以后，中国成为世界工厂，逐渐超过美国成为全球制造业第一大国。当前全世界500种主要工业产品中，有222种属于中国制造，总量占全球第一。还有，中国的专利申请从2012年开始超过美国，成为世界第一。当然，中国人均的比例还比较低。另外，中国还创造了一种从消化到吸收，又到技术自主的高铁技术，世界领先。中国从2004年开始引进高铁技术，2008年正式开通，只用了4年的时间就完成了国外高铁强国几十年的发展历程。

第三，中国的基础设施。建国前后中国的基础设施非常落后，而现在铁路、公路、港口、机场等基础设施非常完备，涌现出一大批世界性的中国基础设施建设企业，从设计、规划到施工，已经形成比较完备和成熟的产业链，并在世界很多地区和国家承担了建设任务。

第四，中国的对外经贸合作。2014年，中国就成为全球贸易第一大国。如今，中国是世界上128个国家的最大贸易伙伴。中国已经超过加拿大成为美国最大的贸易伙伴。2015年，美国对华投资额累计达到6.6万亿美元，成为中国第六大外资来源地。至2015年底，中国企业在美国的投资额已经达到466亿美元。

第五，中国的外汇储备。1978年中国的外汇储备仅有1.67亿美元，现在是世界第一。2014年，中国的外汇储备总额为38430亿美元，排在第二的日本仅有11000亿美元，中国是日本的3倍多。

最后，也是最重要的一点是中国的经济发展理念和经济体制的巨大变化。我们在不断建设健全中国特色社会主义经济体制机制方面，取得了很大成就。建国以后，中国的经济发展有两个巨大转变：第一次发生在建国初期，中国从自然经济、半封建半殖民经济转变为计划经济；第二次是改革开放之后从计划经济转变为社会主义市场经济。世界上有很多经济转轨的模式，比如比较典型的"休克疗法"，但在具体的实践过程中是不成功的，给相关国家和社会带来沉重灾难。

三

第三个问题：中国道路引发了深刻社会变革

"中国道路"的国家理念与实践所取得的成绩，不仅体现在经济发展上，也体现在社会的整体进步上。

第一，教育事业的重大进步。建国初期，中国文盲率高达80%，小学和初中的入学率只有20.6%，高等学校学生只有11万多人，比率更低。2015年，中国高等教育的毛入学率已经达到40%，也就是说，中国现在18—22岁的年轻人中，10个就有4个正在接受高等教育。

第二，医疗卫生领域的进步。建国初期，中国的人均寿命是40来岁，现在是74.4岁。据2015年的统计数据，比2014年又多了1岁。建国初期，中国的婴儿死亡率是200‰，到了2013年，降低到9.5‰，低于世界平均水平。医药卫生支出方面，医疗保险支出中政府的支出不断提高，医疗保险制度不断完善，参与医疗卫生保险的人数已经占到全国总人口的95%。

第三，社会保障事业。与发达国家相比，我们虽然还存在不小差距，但纵向来比，中国已经取得了重大突破。社会保险、社会救助、社会福利、养老保险、失业保险、医疗保险等相关制度机制不断健全，建立起比较完善的社会保障体系。例如，中国职工和城乡居民养老保险已经分别达到3.1亿和4.7亿人，城市居民医保和新农村医疗基本惠及了13亿人。

第四，民间社会组织蓬勃发展。理论上，社会组织的多少是一个社会发达和进步的重要表现之一。现在中国国内社会组织已经达到60万个，这是一个相当大的数量，体现了中国社会的重大进步。彭丽媛曾参加了北京电视台的一个节目，她是以联合国艾滋病结核病防治亲善大使的身份参加的。有一次我去英国参加研讨会，发现有关会务的好多事情都是由社会组织或社团来承担的。改革开放以来，中国的社会组织也在不断完善进步，上海、成都等很多大城市的政府开始向社会组织购买服务。简而言之，政府做不了的事，可以交给非政府组织等社会组织来做。

讲到中国的成就时，自然也要讲中国的政治成就，尤其是中国共产党的建设和党执政能力的建设。中国的社会主义革命、建设、改革都是在中国共产党的领导下完成的，在这样一个人口众多、历史悠久、相对落后的国家执政，是非常具有挑战性的事情，同时也是非常伟大的事情，新中国成立以来社会在各个方面所取得的成绩与共产党坚强正确的领导是分不开的。

第一，20世纪末，邓小平同志率先辞去中央领导职务，有序地将年轻人推上领导岗位，废除了领导终身制的惯例，这是一个了不起的做法。另外，党代会、党代表差额选举也是个进步。比如，在确定党的十八大代表的过程中，一个重要的进步就是提高差额选举的比重，很多中央委员、中央候补委员都是差额选举产生的。

第二，中国的民主制度、机制不断健全完善。中国的经济建设、政治建设、文化建设、社会建设、生态文明建设都是有法可依的。中国的政治制度是有中国特色的人民代表大会制度、政治协商民主监督制度。世界上很多国家还是羡慕中国的"两会"制度的。每年召开一次，能讨论很多问题。刚才也讲到西方的民主，西方民主就那么好吗？我看未必。比如欧洲的议会，那就是长期吵架。

第三，行政体制改革不断深化。行政体制改革的核心问题是政府和市场的关系。中国要建立有效的市场、有为的政府，或有限的政府，就不能使政府的权力太大，就得要求政府是一个权力有限的政府，要力争把权力关到制度的笼子里。按照李克强总理的说法，就是有权不能太任性。当前，中国政府加大行政体制改革，新一届政府召开的100多次国务院常务会议中，50%以上都是关于行政体制改革的。简政放权，我们确实取消了很多规章制度，取消了很多行政审批制度。政府不要太多干预市场，要做服务型政府，为社会提供公共产品，注重公共服务、社会管理，制定能够供整个社会遵守的、保证社会正常秩序的政策法规。有效的市场、有为的政府、有限的政府和服务型的政府等，这些都是深化政府职能改革中的关键词汇，也是中国从计划经济迈向市场经济的一个标志。

第四，中国的基层民主制度。从1980年广西的两个村庄最初设立村民委员会，到现在这种制度已经在中国基本全覆盖，我们在基层民主方面所取得的成就是显著的。

四

第四个问题：和平发展的中国道路

中国的发展模式、发展道路是国际社会关注的一个重点。面对中国的发展，不同的国家有不同的心态。国强必霸在历史上是一条显著的规律。中国会走一条什么样的道路呢？国际上一些国家，尤其是中国的周边邻国经常担心中国会不会像历史上其他崛起的国家一样在崛起的过程中侵略其他国家，面对与中国千丝万缕的、日益紧密的联系，很多国家表示很困惑，大多国家选择了在安全上靠美国、经济上靠中国的中间路线。然而，这在很大程度上影响了中国的整体安全环境，损害了中国一贯坚持的"合作共赢"的经济合作政策。所以，中国日益崛起，美国在关注，欧洲在关注，全世界都在关注，中国要走什么样的路，对于这个问题要做出科学的回答。

中国为什么要走和平发展的道路？

第一，符合世界潮流。大家知道，两极格局的崩溃整体是和平的，利益的沟通、交融提高了，经济全球化的纵深发展、以信息技术为先导的科技革命推动全球范围内的各维度交流日益频繁，逐渐形成"你中有我、我中有你"的相互依赖关系。2015年，美国常务副国务卿佐立克和我们当时的外交部常务副部长交流时用了一个词，叫"利益攸关方"。什么是"利益攸关"？很简单，通俗地讲就是，我们大家都在一条船上，要同舟共济，否则就都完蛋了。现在已经不是冷战时代，不是你输我赢的时代，而是一个你中有我、我中有你的时代，也是一个一荣俱荣、一损俱损的人类命运共同体时代。所以，这个时代就要树立一种共同、共享的利益观。中国走这样的发展道路，就是这一大变革时代背景下的必然选择。

　　第二，造福中国也造福世界。中国改革开放以来之所以取得那么大的成就，很大程度上是得益于一个和平发展的国际环境。中国走和平发展道路，造福了中国，也造福于世界，中国经济的增长对世界经济的增长是一个重要的贡献。现在，中美两国的经济总量占到全球的近1/3，对世界经济增长的贡献率超过40%，其中，中国一个国家就超过30%。我们每年要从世界进口大量的商品，解决了世界上许多国家的就业问题。未来5年，中国要进口10万亿美元以上的商品，对外投资预计超过5000亿美元，出国旅游人数将超过5亿人次。中国的市场会进一步开放，这也是给世界其他国家发展创造的机遇。所以，中国走和平发展道路，对中国有利，对世界也有利。

　　第三，符合中国优秀的政治文化。中国的"和"文化是人类文化中的瑰宝，对世界范围内处理社会关系都是一个重大借鉴。在中国的对外交往历史中，中国人没有称霸的传统。我讲三个例子：第一个例子是历史上的"丝绸之路"，我们向东南亚国家、南亚国家和西方国家送去了中国的丝绸、中国的造纸术，历史上的"丝绸之路"就是贸易之路、文化之路、和平之路。第二个例子是中国唐代时期的鉴真和尚东渡日本，在日本住了10年，传播中国文化、中国的科学技术，为日本做出了重要贡献，包括对日本的建筑。第三个例子是明代航海家郑和七下西洋，远涉西亚北非30多个国家，历时30多年。郑和七下西洋，向沿途的国家宣传的是中国的文化，传播的是中国的文明，留下的是和平。英国哲学家罗素这样说："中国人是天性喜爱和平的。在中国人所有的道德品质中，我最尊重他们平和的气质。这种气质使他们在寻求解决争端时更多地去讲究平等公正，而不是像西方那样喜欢仰仗实力、决斗。中国至高无上的仁义品质中的一些东西，现代世界极为需要，这些品质如果能够被全世界采纳，地球上肯定会比现在更加欢乐祥和。"

　　第四，总结历史上大国争霸惨痛的历史教训。希腊有位历史学家叫修昔底德，他认为一个崛起大国必然和老牌大国发生战争，这被称为

"修昔底德陷阱"。历史上，曾出现过新兴大国挑战守现成大国的案例，英国、法国、德国、意大利、俄罗斯，都是通过战争取代先前的大国而成为区域大国的。但是，中国作为东方大国，有自己的历史文化，中国大而不霸。最著名的是1974年，时任国家副总理的邓小平在联合国大会上讲话时说："如果中国有朝一日变了颜色，变成了一个超级大国，也在世界上称王称霸，到处侵略。那么全世界人民就应当给中国戴上一顶社会帝国主义的帽子。反对它，并且同中国人民一道打倒它。"我相信，世界上没有哪一个大国的领袖敢在国际场说这样的话。那么，为什么邓小平敢说？是因为他有中国政治和文化的自信。

中国几代领导人，远的不说，江泽民、胡锦涛、习近平这几届领导人，在政治学习的时候，经常请高等院校、研究机构的专家学者到中南海讲课，共同学习研究世界大国的兴衰之路。世界上没有哪一个执政党像中国共产党那样对和平发展问题、大国争霸问题的经验教训如此重视。所以，习近平总书记说，"欲知大道，必先为史"。在一次政治局委员的学习中，总书记说："回顾党的历史可以清楚地看到，重视对历史的学习和对历史经验的总结与运用，善于从不断认识和把握历史规律中找到前进的正确方向和正确道路，这是我们党90年来之所以能够领导中国革命、建设、改革不断取得胜利的一个重要原因。"

那么，和平发展的中国道路究竟有什么样的内涵？简单来说就是八个字：和平、发展、合作、共赢。我把这八个字稍微再具体化为三个观点。

第一，发展和平观。中国认为，和平发展，没有和平就什么事也干不成，而没有发展就不能为和平提供保障，贫穷会导致战争，这是我们的基本信念。当前，全世界还有十几亿人生活在极端贫困线上，几亿人每天吃不上饭，将近6000万儿童没有接受教育。2016年一年，全世界有2亿人失业，这就是社会不稳定、不发展的根源，也是诱发社会动荡的潜在原因。没有和平，不能发展。只有发展，才有和平。

第二，发展合作观。生活在一个因全球化而变得越来越相互依赖的世界里，各国不仅因发展水平参差不齐而分工合作，而且还因越来越多的威胁而无法通过一个国家或几个国家来应对，这个世界很不安宁，有跨国犯罪、国际恐怖主义，所以要合作。这个世界很大，不能只顾自己发展，也要别人发展。中国提出"一带一路"倡议，沿途有许多国家纷纷响应。"一带一路"特有的开放性、包容性使所有的国家都可以参与。这是中国的合作观念。

第三，发展共赢观。中国讲究双赢、多赢、共赢，一花独放不是春，百花齐放春满园，只有大家都好才是好。习近平总书记说："要积极树立双赢、多赢、共赢的新理念，摒弃你输我赢、赢者通吃的旧思维。"在国际事务中，坚持多边主义，不搞单边主义，这就是共赢。所以，追求幸福生活的梦想，不仅仅是中国人的梦想，也是世界人的梦想。如果中国人关起门来做梦，这个梦肯定是噩梦。我们的梦是和平发展共赢之梦。

下面讲一下中国和平发展道路的建设。关于和平发展道路，我们是这么说的，那我们是怎么做的呢？

第一，我们要建立新型的大国关系。首先是中国和美国，这是世界上最大的两个国家。美国是最大的发达国家，中国是最大的发展中国家。如果这两个国家要"迎头相撞"，那就太危险了。所以，中国领导人倡议要建立新型大国关系，这个概念我们酝酿了很久，大概酝酿了十多年。2013年6月，习近平主席和奥巴马总统在美国的加州提出了中美之间要建立新型大国关系这个概念，这是一种不冲突、不对抗、相互尊重、互利共赢的新型大国关系，是基于国际关系史的伟大设想。当然，这种关系的建立并非易事。我记得美国人经常说，我们同意建立新型大国关系，但是不能停留在口头上，要做点实事。中俄关系也是新型大国关系，不同于以前的中苏关系。现在的中俄关系在所有大国关系中是最好的、最成熟的，为大国关系树立了典范。还有中欧关系，成为和平、增长、改革、文明的样板。

第二，中国同周边国家的关系。中国是世界上周边国家最多的国家，有2200多公里的陆上边界，1.8万多公里的海岸线，与14个国家直接接壤，隔海相邻的国家有6个。世界上没有其他任何一个国家像中国这样，有如此复杂的周边环境。一方面，我们同周边国家有源远流长的友好传统，但另一方面也存在历史矛盾和现实争端，中国与周边国家的关系状况直接影响着中国的国家安全、中国的和平发展。所以，一直以来，中国都非常重视同周边国家之间的关系。2013年，中央专门召开了一次周边工作会议，这是建国以来从来没有过的。我们提出"亲、诚、惠、容"的周边关系理念，提出亚洲安全观、海洋合作观。我们筹建了"亚投行"，建设了"中巴经济走廊"和"孟中印缅经济走廊"，成立了"丝路基金"，打造了"中国—东盟自由贸易区"。还有众多运行成熟的双边、多边沟通机制和平台，比如博鳌亚洲论坛、亚太经合组织领导人非正式会议、中国—东盟10+1会议、东盟—中日韩10+3等。总之，尽管周边关系中仍然存在诸多矛盾，但总体上是好的、和谐的。

第三，同发展中国家树立正确的义利观。在同非洲的老朋友交往中，中国提出了"真、实、亲、诚"的四字方针。那么，什么是正确的义利观呢？按照总书记说的解释，就是对发展中国家要"多予少取""多予晚取"甚至"多予不取"，这就是中国所倡导的义利观。比如当年中国援助坦桑尼亚的铁路，中国修的这条铁路，修进了非洲人民的心里。毛主席说，我们联合国席位的恢复，其实是被非洲朋友给抬进去的。"真"是中国要做非洲的真朋友；"实"是中国要把对非洲的承诺落到实处；"亲"是中国人民对非洲人民保持友好亲切；"诚"是妥善解决中非关系中存在的困难和挑战。所以，李克强总理2015年访问非洲时，提出了"四、六、一"框架，即坚持平等相待、团结互信、包容发展、创新合作等四项原则；推进产业合作、金融合作、减贫合作、生态环保合作、人文交流合作、和平安全合作等六大工程；完善中非合作论坛这一重要平台，打造中非合作升级版。同拉美国家，我们搞了"1+3+6"框架。"1"是"一个规划"，即以实现包容性增长和可持续发展为目标,制定《中国与拉美和加勒比国家合作规划（2015—2019）》;"3"是"三大引擎",即以贸易、投资、金融合作为动力,推动中拉务实合作全面发展,力争实现10年内将中拉贸易规模提升到5000亿美元,对拉美投资存量达到2500亿美元,推动扩大双边贸易本币结算和本币互换;"6"是"六大领域",即以能源资源、基础设施建设、农业、制造业、科技创新、信息技术为合作重点,推进中拉产业对接。同阿拉伯国家,建立了"1+2+3"框架。"1"是以能源合作为主线,"2"是以基础设施建设和贸易投资便利化为两翼,"3"是开展核能、航天卫星、新能源合作。我们还同"金砖国家"建立了更加紧密的关系。2009年金砖五国在俄罗斯举行了首次会谈,并建立了峰会机制。这个机制形成后,引起了发达国家的高度警惕:你们想干什么?是搞结盟还是要推翻现有的国际体系?我有一次去布鲁塞尔参加研讨会,会议主题就是"金砖国家对发达国家意味着什么"。我认为,这其实意味着国际关系的民主化。我们不结盟,不针对任何国家,我们自己建立一个平台,不是同美国搞对抗,也不是同欧洲搞对抗。

第四,中国在国际事务中发挥了重大作用。中国是一个负责任的大国。我们是联合国维和部队中派出士兵是最多的国家,目前已有2万多人次。我们在亚丁湾护航、向马里派驻有建制的安全部队。在国际合作中,中国提出积极发展、创新、增长、联动与融合,倡导互信、包容、合作、共赢的发展理念。我们提出"一带一路"倡议,设立"金砖国家开发银行""亚投行""丝路基金"等。中国在世界和地区热点问题上积极合作,比如叙利亚问题、伊朗问题、阿以问题、阿富汗问题、朝鲜半岛问题、南苏丹问题等。哪里有灾难,哪里就能看到中国援助的身影。非洲爆发埃博拉疫情时,中国提供了7.5亿人民币,并派出1000多名医疗人员组成的队伍。

第五个问题：中国道路的国际评价

这个问题有以下几个要点。

第一，这是对苏联发展道路的突破和超越。大家是否注意到一个现象，1991年12月26日苏联解体，不到20天，邓小平做出一个伟大的决定——发表"南方讲话"。正是苏联解体才促使邓小平发表"南方讲话"。邓小平"南方讲话"中发表了一系列振聋发聩、让世界为之惊奇的观点，并对中国特色社会主义的内涵做出了重要的概括。他说，资本主义也有计划，社会主义也有市场，计划与市场不是衡量社会主义和资本主义的本质区别。发表"南方讲话"之后，中国共产党把小平同志的讲话形成1号文件，最后是我们党的十四大报告的基本思想，也就是形成了社会主义市场经济体制，创新并丰富了中国特色社会主义的内涵和思想。国际上希望中国也倒下去，成为第二个苏联。然而，中国不是苏联，也正是因为这个原因，也正是从这个时候，我们中国的发展模式实现了对苏联的全面超越。

第二，这是人类历史上前所未有的发展道路。它打破了欧美模式，过去讲欧洲模式或者"莱茵模式""盎格鲁—撒克逊模式"，人类社会不只有一种模式，还有别的模式。英国有个学者说："那种认为世界上只有一种现代化即西方的现代化的观点，是一种谬论。"

第三，创造和丰富了人类文明。中国发展模式对世界而言具有重要意义。许多国家都认为，中国道路使人类社会发展模式呈现多样性。

第四，是归功于共产党。这个大家都清楚，我就不多讲了。

第五，独特的民主政治发展之路。有一个美国学者有一种新的看法，他说中国的民主是自上而下和自下而上的结合与平衡，两者的辩证融合，开创了一种独特的民主政治发展道路。

第六，全面发展之路。不能简单地认为中国的发展只是经济方面的发展，中国的发展是全面的发展。中国提出了经济建设、政治建设、文化建设、社会建设、生态文明建设"五位一体"的社会发展理念；强调以人为本之路，一切发展是为了人民，以人民为中心。

第七，包容开放之路。中国道路有四种能力，即积累能力、吸收能力、包容能力、应变能力。

第八，和平发展之路。有人说过，中国向世界输出计算机，但不输出意识形态。

第六个问题：中国发展面临的问题

邓小平当年也说过，发展起来以后的问题不比不发展时少，甚至更多。中国的发展是不均衡、不充分的，比如北京、上海很发达，但这不能代表中国的全部。我们面临的主要问题大概有以下这些。

第一，中国既是一个大国，也是一个小国，经济规模很大，但是人均偏低。中国是一个有 13 亿多人的大国，但从人均 GDP 只有 8000 美元来看还是一个小国。现在世界第一的是卢森堡，它的人均 GDP 是 11.1716 万美元。美国、新加坡、爱尔兰这些国家的人均 GDP 是中国的 8 倍多，所以中国的发展水平还不高。

第二，中国的资源禀赋先天不足。中国的人均耕地是世界平均水平的 43%，淡水是 28%，石油和天然气是 7%，铁矿石是 17%。2008 年，中国能源资源消耗总量达到 226 亿吨，占了全世界消费的 1/3。中国的消耗量比美国多4倍。我们的资源先天不足，能源安全受到挑战。很多科学家、智库预言，到2030年，中国每年要消耗掉大量石油，其中75%要靠从外国进口。中国已经从自行车王国变为汽车王国，这种生活方式带来了很大的能源资源压力。

第三，环境问题。中国的发展现在碰到了污染问题，比如北京的雾霾等。能源消耗中煤炭占比较大，汽车尾气排放量居高不下，环境压力比较大。

第四，人口老龄化问题。到了2020年，中国65岁以上的老人将占到30%。我们的人口红利优势已经消失。

第五，贫困问题。中国还有7亿多人在农村，有7000多万贫困人口。按照联合国的标准，中国还有2亿贫困人口。我们吃的问题、行的问题、用的问题、上学的问题等还有待改善和提高。如果能够实现到2020年全面建成小康社会的目标，就意味着中国每年要消灭1100多万贫困人口。

我们还面临很多压力，比如中等收入国家陷阱、贫富差距、财产差距、地方发展不平衡等。还有和外部的差距，我们要同发达国家竞争，和新兴国家竞争，还要和发展中国家竞争。此外还有地缘政治问题，我们的周边很不安宁，美国战略东移、搞"亚太再平衡"。还有南海问题、钓鱼岛问题等等。

当然，中国的难题具有国际性。中国面临的问题不仅中国有，世界上很多国家也有，也都经历过。发达国家面临的问题包括：资本主义制度本身是不是出了问题？市场是不是出了问题？体制是不是出了问题？有一天我到美国访问，与布鲁金斯学会交流，他们给我讲了个政治笑话，说美国两党在美国坐不到一起，和中国共产党却聊到了一起，因为当时正在举行中美政党高层对话。有人说，西方的选举制度也出了问题。政治家和政客的区别是什么？有人说只有政治家才能考虑到国家的未来，而政客只会顾及眼前的利益。所以为什么说民主体制也出了问题？他为了上台执政，不断给选民以承诺，但是真正上台了却兑现不了了。

马克思说:"问题就是公开的、无畏的、左右一切个人的时代声音。问题就是时代的口号,是它表现自己精神状态的最实际的呼声。"我们要有发现问题的能力,更要有解决问题的能力。如何把握中国道路的走向呢?我们有一个概念,叫"四个全面",即全面建成小康社会、全面深化改革、全面依法治国、全面从严治党。大家要对中国道路有信心。

通过以上简单的回顾,我们得出以下几个基本结论。第一,中国道路不是一天形成的,也不可能在未来的某一天走完。第二,中国道路具有鲜明的中国历史特色、文化特色、制度特色和理论特色。第三,中国道路是中国独特的,但是具有包容性的,同时借鉴了人类文明的成果。第四,中国道路是和平发展道路,这打破了"国强必霸"的理论逻辑和话语陷阱。第五,中国道路成就辉煌,但也充满困难、挑战,中国道路不是静止的,而是发展的。所以,面向未来,中国道路将以崭新的姿态屹立于世界东方。

看看在座的各位同学,年轻人现在生活在幸福美好快乐的时代,真心为你们高兴,真心要为国家祝福,真心要为国家努力。此刻,我想起了美国总统肯尼迪在 1961 年就职演说时说的,"… ask not what your country can do for you; ask what you can do for your country (不要问国家能为你们做些什么,而要问你们能为国家做些什么)"。同时,我也想起陶行知先生的话:"人生为一大事来,做一大事去。"

谢谢大家!

第五讲

世界历史视野下的中国道路

— 苏长和 —

2017年4月8日下午，北京语言大学"'中国道路'大讲堂"第五讲在教2楼260教室举办。教育部新世纪优秀人才、复旦大学国际关系与公共事务学院副院长苏长和教授为中外师生做了"世界历史视野下的中国道路"的主旨报告。

苏教授从三个方面阐释了自己对于中国道路的理解和认识。首先，他从人、财、物、智四个因素的流动讲述中国和世界关系的变化，从大国对比中分析中国的发展，认为中国道路为探索自身发展道路的发展中国家提供了一种选择，具有世界历史意义。其次，他结合中国的国家治理体系、民主政治制度、历史文化等阐释了中国道路的世界价值及对世界的贡献。他认为不能机械地用西方教科书上的政党理论来看待中国，要用自己的标准，要有自己独立判断的能力。最后，苏教授认为，中国是大国中最早走出冷战对抗政治的国家之一，正是中国不以意识形态划线的全方位外交，形成了中国道路的开阔性、广泛性，促进了中国的发展。中国的发展是通过内部创新的方式来消化压力的，而不是通过对外扩张。他倡导探索"道不同，互相为学为鉴"的文明对话新模式，并认为这种模式和费孝通先生所主张的"各美其美，美人之美，美美与共，天下大同"是完全契合的。演讲结束，苏教授就当前中国与周边国家关系现状、中国发展过程中面临的"修昔底德陷阱"、中国道路与国际制度的关系等热点问题，与在场师

生进行了深入的交流，中外学生踊跃提问，苏教授耐心作答，场面热烈而温馨。

最后，苏教授寄语北语学子：青年学生要有独立思考的能力，要有全球的、世界的眼光，要了解自己的国情，并指出中国道路具有无限的可能性，值得大家探索和研究。

第六讲

和合主义与中国道路

— 余潇枫 —

很荣幸给同学们讲一堂大课，这个讲座的题目很大，"和合主义与中国道路"，但是我今天准备来一个"大题小做"。

我现在是浙江大学非传统安全与和平发展研究中心主任，大家有没有听说过非传统安全？什么叫非传统安全？要理解非传统安全，我们先要对"非传统"做个理解。老师讲课坐在上边讲，这个叫"传统的"，那我走下来跟大家面对面地讲，这个叫做"非传统"。耶鲁大学有个特别的教室，座位是弧形的，不是阶梯式的，而是像在剧院看戏一样，一层一层高起来的。那么老师讲课在哪里呢？在教室最中间最低的位置，老师不是高高在上传播知识和真理，而是站在最底处向同学们汇报自己在研究什么，这种教授方式就是一种"非传统"。教室位置一变，老师和学生的关系、教与学的理念就被颠倒了。比如说我们今天讲课，我不是高高在上，我低一点、矮一点，这样大家感觉是不是好一点？假如我的讲台还要低，坐在再下边一点甚至地上，我说："同学们好，我向大家汇报我在研究什么……"你们看，一个一个的眼神都是居高临下的、批判的、审视的、质疑的。所以，"非传统"是对"传统"的一种颠覆、一种反叛。如果说"传统安全"是"你安全，我不安全"，"你不安全，我安全"，大不了"我们两个都不安全，导弹对导弹"；那么"非传统安全"则颠覆了，它追求和研究的是如何"你安全，我才安全"，"我安全，你才安全"。

2001年开始,我研究非传统安全;2004年,我在浙江大学开设了国内第一门非传统安全概论课程;2006年,出版了我与其他两位教授合著的中国高校第一本《非传统安全概论》教材,经过9年的教学,在2015年又出版了该教材的第二版。我们成立了非传统安全与和平发展研究中心,是一个立足中国、面向世界的国际性学术研究和咨询机构。该中心一成立,当天学校就成立了校级促进领导小组,由校党委书记等一批校领导担任组长、副组长,给予这个中心最高级别的支持。此外,我们还在浙江绍兴专门成立了非传统安全研究地方中心,在新疆塔里木大学设立了"非传统安全考察站"并成立了边疆民族发展与非传统安全研究中心(现在扩展为研究院了),我还担任了塔里木大学首位"昆仑学者"。2008年,我们中心出版了一套丛书,共9本,叫《非传统安全与现实中国》,这里包括了非传统安全与公共危机治理、公共卫生安全、粮食安全、信息安全、人口安全、文化安全、产业安全、食品安全、能源安全。2009年我们创设了公共管理一级学科下的非传统安全管理二级学科博士点与硕士点,然后中心又从2012起出版了蓝皮书《中国非传统安全研究报告》,每年出一本,还专门出版了以书代刊的《非传统安全研究》。我主编的"非传统安全能力建设丛书",已出版了5本;"非传统安全与平安中国丛书",已出版了2本。我们还翻译了国际上最前沿的"非传统安全与当代世界译丛",共5本,正在出第二辑。我们还承接了国家社科基金重大课题、国家自然科学基金课题、国家社科一般课题、教育部哲学社会科学重大课题及有关部委的委托课题等。这些是我们中心非传统安全研究的一些理论成果。

我们中心有比较宏大的规划。其中一个就是仿真实验基地。安全不仅是可以用理论研究的,还是可以用计算机计算的。10年、20年以后,这个城市按照人口数量来考察安全不安全,可以算出来。比如说,我们中心的常务副主任米红教授做了一个课题:深圳发展到多少人口是安全的?超过了这个人口边界,这个城市就不安全了。米红教授通过13条曲线,用仿真算出来:深圳,按照它整个城市的容积率,770万人口是安全的，900万是安全边界，超过900万就开始不安全了。深圳现在加上流动人口已经超过1200万了。

我们在研究过程中慢慢提炼出体现中国智慧的"和合主义"的理论。我们在讨论中国道路的时候，我想知道你眼中的中国是什么样子的？每个人心中都有一个表达。我们也招收了很多留学生，我们都会问他们，你们来了中国，"What's your culture shock"（你的"文化震惊"是什么）？

中国与世界的关系方面已经有了重要的新标志。比如说，中国现在是世界第二大经济体、第一大工业国、第一大贸易国、第一大出口国、第一大外汇储备国、"金砖国家"领头羊、太空领域有突出进步的太空"漫步者"等等。我们身在中国、长在中国、学在中国，或者外国留学生来到中国学习生活，我们谈"中国道路"，那么你们眼中的中国是什么？

有位英国学者写了一本书，对中国的复杂性进行了解读。他认为，人们对中国有八种片面的认识（如中国是个主权国家、民族国家、汉族统治国家、大陆国家、共产主义性质国家、发展中国家、现代化国家、共产党领导的国家）：首先，中国是不是个主权国家？当然是的，但中国不仅仅是个主权国家，中国更是一个文明国家。我去过美国，也去过英国等很多国家，中国和美国的很多问题，不是"你好我坏"的问题，而是文明差异的问题，是 civilization gap（文明的鸿沟），互相之间有许多的 misunderstanding（误解）。所以，中国既是一个主权国家，又必须同时认识到它还是一个文明国家，这意义就不一样了，对于一个文明国家，有更多的大于主权、主权所不能包含的内涵。第二，中国是一个一般的民族国家，对不对呀？当然是对的，我们不单是民族国家，还是一个多民族的国家。但是不能忘掉我们又是一个初步建立起市场经济体系的国家，有一般的民族国家和市场经济体系结合的特点。第三，中国是一个汉族统治的国家，对不对呀？汉族人口比例为主当然是对的，但是我们更应该认识到，中国是一个新时代多民族整合的国家。我们的文化在积累过程中，有很多少数民族的精华都融合在了一起。第四，一般我们把中国理解为一个大陆国家，对不对呢？对的，但是也有问题。中国不仅是一个大陆国家，还是一个大的半岛国。第五，中国是一个共产主义性质的国家，也是对的，但其实中国还有着其自身的强大文化传统。我们历史上也有非常强的、西方制度所没有的封贡体系。以前我们的外交关系，比如在唐代，我们边上有个西戎国，西戎国送给唐朝一匹野马，唐朝要回送二十匹布。西戎国一看很划算，第二年圈了三千匹野马，派一百多个外交官赶到长安，唐朝还是按照"一匹马——二十匹布"回送。所以，以前的封贡体系是一个贸易、交易的关系。第六，中国是一个发展中国家，对不对，也对，但也有人说，中国已经很发达了。所以我们要了解到，中国是一个具有双重性的国家：它既是发展中的，又是发达的。第七，有人说中国是一个已经进入现代化的国家，对不对呢？对的。我们工业体系已经建立好了，但是我们也不能忘记中国是一个由农村正在向城市化转型的准现代化国家。我们对中国的认识要确切一点，其是一个"现代化"与"准现代化"并存的国家。第八，中国是一个共产党领导的国家，对不对？当然是对的。但我们也不能忘掉中国是一个有千年文明和治理体制传承的国家。对这八个方面都做一个扩展的理解，这样，我们就会对中国这个国家的形象理解得更加深刻了。

下面我要着重讲三点：第一点，什么是和合主义（peace-cooperativism）；第二点，和合主义的安全理论有什么特点；第三点，和合主义如何指导中国选择和继续选择和平发展道路。

一

什么是和合主义

和合主义要从哪里讲起呢？我要讲一本书。这是中国历史上最早的一本关于安全哲学的书《易经》（指《周易》，以下同）。《易经》的英文是"The Book of Changes"，即变化之书。我觉得这个翻译可能不太准确。我也希望我们北语的同学为语言翻译事业做出新的贡献。有位哲学家维特根斯坦曾说过：语言的边界就是世界的边界。但是语言有不可通约性，比如说中国有个成语，叫韬光养晦。这个成语中国人很好理解，但是外国人就很难理解。那《辞海》里第一条解释就是：躲在树后等机会。这个解释翻译成英文后外国人就更难理解了。反之也是，我在国外遇到一个单词，叫 body politics，直译成中文就是"身体政治学"，基本意义是对的，但是太狭窄了。后来翻译成"实体政治学"，也对，但是"身体"的含义又没有了。回到《易经》，《易经》至少有三"易"：变易，简易，不易。要翻译的话，至少也要把三易翻译出来，那书名就变成了："The Book of Changes，Inchanges，Simples"。我们以前总认为《易经》是占卜的书，与算卦有关，因而是一种"迷信"。这其实可以理解为中国先人最早的预警安全观的反映。《易经》提出了非常深刻的安全哲学的原理、目标和路径。特别是《易经》形成了非常重要的和合思想。"整体论""共存论""和合论""阴阳论"，这些思想都源自于《易经》。《易经》里有八个字非常重要：第一，"保合太和"，保持合作达到永久和平；第二，"万国咸宁"，天下太平。所以我们在《易经》"和合"的思想基础上，来看中国几千年以来的外交实践，来看中国人的活法。

我们提炼出和合主义的几个理论内核。首先，整个人类生存在这个地球上，这种生存方式叫做"类生存"。安全是行为体之间的"优态共存"，就是你安全，我才安全；我安全，你才安全。它的理性原则是，第一是社会共有，第二是权利共享，第三是和平共处，第四是价值共创。所以，和合主义的思想从《易经》开始，经过长期实践，慢慢形成这个理论的丰富内涵。

二

什么是和合主义安全理论的特点

我们要通过和合主义的安全理论来论证和合主义的合理性。美国有一位学者（约瑟夫·奈），他给安全下的定义是：安全就是空气（Security is the air）。当"空气"充裕的时候，你不会感觉到它的重要性；但当"空气"没有的时候，你就无法生存了。从非传统安全来说，我们也可以把安全的概念按"安全就是空气"的句式进行拓展，比如说"安全就是水""安全就是油""安全就是能源"等。所有资源化物品在一定程度上都可以划入安全的范畴。

我在研究过程中，对非传统安全画了谱系，并把非传统安全"类型化"为四类，分为"内、外、双、多"。第一种非传统安全叫"内源性非传统安全"。它源自于国内，影响于世界，反过来又影响国内。比如说中国爆发了"三聚氰胺事件"，转天在纽约、伦敦大超市中的中国货品被下架，马上导致了中国的外贸危机。第二种叫"双源性非传统安全"。两个国家有共同边界，安全威胁同时发生，比如跨境民族问题、跨国犯罪问题。第三种叫"外源性非传统安全"。比如美国的次贷危机导致全球性的金融危机，进而影响各个国家。第四种叫"多源/元性非传统安全"。比如海盗问题，这是外源性的，但是要治理就要派军舰，军队介入后，这类问题就与传统安全问题相交织，就变成多源/元性非传统安全威胁了。

有这么多非传统安全问题，我们应该如何应对？下面我们要对理想主义、现实主义、自由主义、建构主义和我们提出的和合主义进行一下简要的比较。

国际关系中最早的理论叫理想主义。理想主义的国际关系理论强调的是集体安全观，互相之间结盟签约。谁打你，我就帮你，谁打我，你来帮我，是在集体内确保相互安全。后来，一战、二战的爆发使理想主义的理论破灭了，国际关系的现实主义开始兴起。现实主义认为，国家追求的是权力和利益。他们提出了一个口号：没有好"篱笆"，就没有好邻居。我的国家利益和你的国家利益要划分得"清清楚楚"。你的国家利益很重要，我的国家利益也很重要，但假如你"侵犯"了我的国家利益，我是要和你"急的"。安全理论在不断发展，随着全球化的深入，制度自由主义的安全观产生了。自由主义者发现，国家之间不仅有利益，这种利益还是相互依赖的，而且有时是深度相互依赖的，我中有你，你中有我。所以，国际关系理论中的自由主义就超越了现实主义，提出要通过建立国际制度、国际规制、国际准则来解决国家间问题。除了"篱笆"，国家与国家之间还要有"通道"，这个"通道"就是国际秩序、国际组织。再后来，国际关系的建构主义理论产生了。建构主义认为，"篱笆"本身并不重要，而对"篱笆"怎么理解很重要。建构主义认为，理念要素比物质要素重要，国家之间可以互相建立与"篱笆"相应的规范，即可以互相之间通过约定、认同、规范来解决问题。这时"认同"就成为安全的重要变量。比如说，英国造原子弹，美国会觉得没关系；但如果朝鲜造原子弹，美国"就睡不着了"。从建构主义的视角看，核武器本身不重要，对核武器怎么理解、谁来造很重要。所以，建构主义强调的是认同和规范。

中华人民共和国建立以来，提出了很多和平发展的理论，我把它们综合起来叫和合主义。和合主义认为，"篱笆""栅栏"完全可以拿掉，国家之间以双方"和合"、相互"尊重"、彼此"关爱"相处；或者是多边国家都用"和合精神"协同起来，甚至在更大范围建构整个人类的命运共同体。所以，和合主义不仅是一种理想，其特点是它既是"自由"的，又是"现实"的，还是"建构"的。因为和合主义首先是和平，第二是和解，第三是和谐。还有"三合"，首先是为了和平"撮合",然后是为了和解"结合",最后是为了和谐"融合"。这也是一个从现实到理想的过程。和合主义并不遥远,我看咱们北语就是一个和合主义的"基地"。我特别在北语校园中的"红叶碧瓦万国墙"前拍了照,这"万国墙"就凸显了北语的国际化文化氛围,是典型的"和合主义"。

对安全理论的研究,从传统安全到非传统安全,经过了几代的演化。以前我们讲传统安全是"确保相互摧毁",最后是"我能摧毁你,你也能摧毁我",是一种"恐怖下的和平"。非传统安全是"确保相互安全",一条河流我们两个国家共享,我保证你下游有水喝,你保证我上游过得好。这是跨国水资源的合作。按照西方的理论,共有三种文化:霍布斯文化、洛克文化和康德文化,也就是"敌人文化""竞争者文化"和"朋友文化"。其实还有我们中国的、东方的理论,中国提出了"拟兄弟文化"。基于中国"包容普遍主义"的"拟兄弟文化"的核心特征是能"化敌为友"。"包容普遍主义"的思想基础是东方式的存在论:共存先于存在,关系先于个体,于是西方的"每一个体的普遍有效原则",在存在论基础上被东方的"每种关系的普遍有效原则"所转换。西方的原则没有错,也很有用,然而东方的原则不仅有用,而且呈现更能吸纳差异与冲突以及化敌为友的文化特质与情怀。所以说,"和合主义"是一种更包容、更宏大、更易于大家接受的思想。

非传统安全提出后,西方出现了很多新的安全理论。比如说,哥本哈根学派提出了"认同安全说"。以前我们讲安全,是安全有没有威胁,是客观的,叫"安全性";后来发现除了客观上有没有威胁,安全还是主观的,安全取决于你有没有"安全感"。而哥本哈根学派就提出了"客观安全""主观安全"外的第三种,叫"认同安全"。他们认为安全的很多问题是"话语"造成的,是一种主体间的互动与认同。再比如后结构主义的"话语安全说",后结构主义就认为,过去现实主义是用物质的力量来比较国家之间是否安全,后来人们发现物质要素不重要,社会结构决定了社会要素,而社会结构是由话语结构来决定的,所以它将哥本哈根学派向前推进，强调虽然话语很重要，但话语的结构更重要，因为话语结构背后是人的思维结构。要改变安全状态，先要改变思维结构，接着改变话语结构，再改变社会结构，然后才能改变安全结构。这里面涉及一个重要概念，叫"结构暴力"，很多安全是看不见的，但是作为一种结构对你形成了压迫感。第三，全球主义安全理论提出"人类安全说"，全球主义提出，要超越主权，超越国家，要从人类本位、全球本位来考虑安全。第四，女性主义安全理论则提出"性别安全说"，认为安全不能与性别分离，而且性别是社会造就的，并提出了"沉默的安全"概念，明明是客观存在的安全问题，但是没有成为国家议题，它却"沉默"了。第五，批判安全理论则提出了"解放安全说"，他们认为以前的安全理论太消极，"免于恐惧和匮乏的自由"是"消极安全"，还不是真正的安全，应该主动追求解放，这就是"积极安全"。第六，后殖民主义安全理论提出，现在的安全理论都是西方殖民主义的，我们要在非西方提出自己的安全理论，特别是亚洲、非洲、南美洲等要通过寻找自己国家的安全主题来解决自己国家的安全问题。所以说，已经有这么多西方理论对传统的安全理论进行了修正、深化、拓展。但是，西方理论有一个问题：强调个体是第一位的，有了个体的权利保障前提我才来尽个体的义务。东方的理论是强调共存在先，个体首先要服从整体，是一种"关系主义"为基础的权利义务观。

和合主义的核心就是"关系主义"。安全是在关系中体现的，"和谐世界"是一种关系中的"和谐"，"平安中国"也是一种关系中的"平安"。改革开放以来，中国学者提出了以"关系主义"为核心的各种各样的国际关系与国际安全理论，比如"关系—过程论""可持续安全论""国际共生论""创造性介入论""道义现实主义"以及"和合主义"等等。

慕尼黑大学的一位教授（莱恩哈特·路梅尔）来到浙江大学，与我们讨论和合主义。他说，和合主义很好，但在现实中是否能实现？或者应该怎么做呢？我给他举了两个例子：第一个例子，香港回归。香港是资本主义制度，大陆是社会主义制度。在当时，资本主义和社会主义是"不相容的"。面对这种情况，邓小平同志就运用了中国的和合论，提出了"一国两制"，平稳地使香港回归了。第二个例子，南海问题。在南海我们有"九段线"，这是我们的历史线，但又是虚线，后面也有很多岛屿冲突，我们就提出了和合主义的解决方法：搁置争议，共同开发。对此，这位慕尼黑大学教授点头称是。所以，我们国家很多的外交政策的本质都体现了和合主义，比如和平共处五项原则、亚洲新安全观、"一带一路"倡议等等。中国的倡议，世界的机遇。比如中国搞亚投行，就是多边主义。我对此进行了研究，多边合作很重要，我们需要继续深化，于是我提出了"单元多边主义"和"多元多边主义"。还有北约，很多国家参与，是多边主义，但是都由美国说了算，所以北约是一种"单元多边主义"；中国的多边主义是"多元多边主义"，比如在亚投行，我们没有坚持要有一票否决权，这是更加民主化的国际秩序的呈现。

三

和合主义指导中国选择和继续
选择和平发展道路

面对中国愈加复杂的周边环境，我们该如何选择自己的道路？我们的外交有"三派"——主和派、促和派、维和派，其实就是一派，即"和合主义派"。所以，我们的外交是追求和强调"和"的，"和"是中国外交的核心。外交部王毅部长说，我们要以合作取代对抗，以共赢取代独占，不搞零和博弈赢者通吃。

哈佛大学的江忆恩（Iain Johnston）教授来到浙江大学，专门探讨"中国真的崛起了吗"，他从罗马帝国时代开始对崛起大国进行比较，并对中国进行了分析，进而从国际关系的理论视角提出：从相对的坐标来看，中国不但崛起了，而且崛起的速度非常快；但从绝对的坐标来看（包括考虑环境安全等因素），他认为中国不但没有崛起，综合指标还在微微下降。所以，我们中国的发展不能头脑发热。另一位牛津大学的罗斯玛丽（Rosemary Foot）教授专门写了一篇文章《中国与亚太安全秩序》发表在《浙江大学学报》上，她认真地讨论了中国的和谐社会与和谐世界之间的关系，认为中国应该走和谐社会与和谐世界的道路，并能为世界做出榜样。我在牛津大学访学期间，著名社会学家吉登斯来牛津大学开讲座，我向他提问：中国发展这么快，你怎么看？他讲了两点：第一，我很高兴。中国占了世界1/5的人口，中国好了就是世界好了。第二，我很担心。中国发展这么快，环境破坏很严重，也影响了世界环境安全。我在哈佛大学访学期间去旁听亨廷顿教授的课，他在一节课上讲"正义战争与非正义战争"，他试图通过"正义战争六原则"来证明美国攻打伊拉克是"正义战争"。课后我向他提问，按照国际关系伦理（学），是不是可以说任何战争都是错的？他说，不是的，历史上任何战争都可以分为"正义战争"和"非正义战争"。我又问，那在未来，按照国际关系伦理（学），是不是可以说任何战争都是错的？他想了想又回答：你可以这么认为，但是大多数人会反对你的。亨廷顿在《我们是谁》一书中提出，美国未来发展的最大敌人是国内的移民，而要解决"移民冲突"，就要在国外"寻找敌人"，而最够得上这个"敌人"资格的就是中国。现实中，美国有很多霸权行径，为了"寻找敌人"，制造了"流氓国家"概念，制造了"俄国威胁论""中国威胁论""古巴威胁论"等等。

我们中国的道路选择，恰恰是与美国相反的。美国是要在世界上制造"敌人"，来保证自己国家的团结和强大。中国是要在世界上产生越来越多的"朋友"，"一带一路"倡议就是体现和合主义的很好例子。我们同更多的国家合作,来解决国家之间的认同,来建构"我们都有共同居住在这个地球上的'此在感'","我们有作为人类一部分的相同人口的'我们感'","我们有共有命运与未来的'使命感'","我们还有以人类文明为基础的共有文化的'同源感'"……所以,中国不是像美国那样制造威胁、扩大威胁,寻找敌人、制造敌人,而是通过不断地削减威胁与合作共赢来扩大国家之间的认同感。国家之间的认同有很多困难,但是如果以和合主义的精神对待之,许多困难是可以解决的。尽管文明之间有冲突,但是文明之间也有融合。中国的文化就是在整体性、关系性、包容性的思维方式上体现得比较充分的融合性文化。欧洲现在提出了优于美国"联邦主义"的"后联邦主义",就是超越主权、让渡主权,但是欧洲难以摆脱"欧洲中心论"的思想局限。

中国的"一带一路"倡议是和合主义的一次伟大实践。中国的"一带一路"倡议有这么几个特点。第一,"一带一路"不是一种单向性的援助,而是一种多向性的共建。第二,不是一种对抗性的结盟,而是一种合作性的结伴。第三,不是一种例外主义的算计,而是一种关系主义的互惠。第四,不是一种殖民主义的强制,而是一种和合主义的联动。大家在对比美国、欧洲和中国的道路选择后就会发现,中国的道路选择"和合主义"的特征十分明显。"一带一路"倡议发出后,有相信的国家,有怀疑的国家,有犹豫的国家,有抵触的国家,有干扰的国家,我们都是用和合的、包容的、共建的方式来解决。所以,我们提出了建构三大"共同体"的目标,第一我们要建构"利益共同体",第二我们要建构"命运共同体",第三我们要建构"责任共同体"。这也是中国道路与世界联通的三大路径。

通过以上讲述,我们能感受到中国正在用和合主义思想不断地推进安全发展,也在不断地推动世界走向和平与公正、发展与繁荣。

谢谢大家!

> 互动环节

问：谢谢老师，我是来自蒙古国的博士研究生。非传统安全是一个很大的题目，是以前我没有听说过的题目。那么，对军队的作用您是怎么看的？

答：好的。从非传统安全的维度看军队有什么作用呢？我们国家10年前就提出，军队要应对非战争的威胁。军队以前是为了战争准备的，现在在我们国家提出军队要针对非战争的威胁，那么就是军队也要帮助国民去救灾——非战争的威胁——各种各样的灾害在中国都是我们军队最先上去。汶川地震、玉树地震都是军队先上去的，所以这一点很重要，即军队来帮助社会救灾。第二就是要维和，不是用战争来消灭战争，而是要防止战争，这两条是军队可以做的。所以在非传统安全的维度中，军队是有非常大的作用可以发挥的，而且我们军队救灾还要专业化。我们现在建立几十种特种部队，哪个灾害发生就针对哪种，军队的作用就发挥出来了。现在中国和蒙古国在边境搞了一个和平的防治林，这个非常棒，为世界树立了榜样，一起来种树，在边境上防治沙。今后我们还可以做更多工作。

问：和合主义在解决世界的问题上怎么才能更有我们的中国特色？

答：这个问题也很好啊，世界上不断地有国家制造问题、矛盾，我们不断地来解决问题、调和矛盾，那么这里边一定要有中国的特色。如果按照传统的零和思维，那是很简单的，最后就是战争。但是中国的和合主义思维不光是和平，还是和解；不仅是和解，还是和谐，和与合之间有很多条路径可以选择。所以大家看我们跟其他国家有战略伙伴关系、战略协作关系，光战略伙伴关系就有好多种。这都是按照不同的地缘、不同的国家、不同的历史和文明特色，来选择我们和合的具体方式。人与人之间交往也是一样的，我表扬你你很高兴，我表扬过头你也不一定高兴；我批评你你不高兴，我永远不批评你你也会不高兴。所以，和合主义最后在实施当中一定要找到一个"适然"，而不是"应然""当然",这是指当下最适合的就是最好的。

问:余老师您好,刚刚您也提到了南海问题,包括"九段线",我们提出了"搁置争议,共同开发"。我一直有一个疑问,虽然我们提出了这样的理念,但是从现实上看,在南海我们的岛礁离我们距离较远,离东南亚其他一些国家却是隔海相望,特别是有别的国家插手南海问题,我们怎么能够更好地行使我们在南海的主权呢?谢谢!

答:这是一个很现实的问题,但是也比较容易解决。按照和合主义,边境线离你近离我远,这个并不严重,如果是用和合主义的思路,我们就用"股份制"的方式来开发,从资金、技术几个角度来进行"股份制"的合作。这个跟传统安全有很大区别,从传统安全角度上来看,南海问题是无解的,永远有争端,那么从非传统安全来看就是有解的,比如我们共同来造一个岛屿,岛屿上都是五星级宾馆,吸引大家来旅游,旅游的收入大家按照股份来分,那么这就变成一个自由港、旅游港,皆大欢喜,只要保证航行自由就可以了。如果我们造一个岛不向世界开放,不用于旅游,而完全用于军事目的,那大家多紧张啊,所以我们需要换一个更包容、更开放、更具弹性的共建思路。我认为是可以的。

问:余教授您好,之前我在网上看到一个说法,说中国的外交处境很尴尬,国内觉得我们很软弱,国外却觉得我们很强硬,那您认为我们对外交往是一个什么样的状态?

答:其实我们国家在外交上做了大量的工作,可以说外交在中国是非常受到重视的,怎么讲呢?我们国家的主席、总理亲自做外交官做的事,到国外去访问,"推销"高铁,宣传"一带一路"倡议……这些都是外交工作。那么为什么外国会觉得中国的外交比较强硬呢?是因为我们外交的路径太少了,我们都是政府外交,非常铁面无私的,需要谈判的。所以我们现在要大力发展公共外交,公共外交的种类就很多了,比如文化遗产外交、城市外交、语言外交等等,另外还包括我刚刚讲的非传统安全外交。当这么多外交全部走向世界的时候,外国人就会认为中国的外交不是硬邦邦的，而是有更多可以沟通和讨论的东西。所以，我认为中国下一步外交转型要转向政府外交和公共外交并举。谢谢！

问：谢谢老师，我有三个问题：第一，您刚才提及的东亚现在经济上靠拢中国，在政治上靠拢美国，导致这一现象的原因是什么？第二个问题是，刚才余老师也提及了欧洲，欧洲学界有很多学者提出要建立一个世界政府，不知道余老师从您的视角怎么看？第三个问题是，就今天谈的和合主义，毫无疑问它来自中国传统文化的启发，那么我感觉它的包容性、灵活性都很强，但是会不会又缺少了一些原则性？会不会我们越包容，原则性就越低？当我们向对方释放善意的时候，别人对我们的态度和理论买账的程度有多少？这个理论在国内外学界的认可度、可操作性有多少？

答：你非常专业，问了三个大问题。第一个问题相对比较好回答，因为亚洲到目前为止还没有彻底摆脱冷战之后的"遗产"，所以亚洲很多国家跟美国是结盟关系。第二个问题——世界政府。这个问题我认为是有必要的，关键是世界政府怎么建构，如果世界政府是按照联合国来建构，那就没有太大的必要了；如果世界政府能够超越联合国，也就是通过多元多边主义来建构，那我认为是非常好的。世界政府组织的一个难题是，大国和小国在投票上很容易出现不合理、不平等，现在有人在研究弹性投票制，用交换票、留用票、弹性票来解决责任大小和平等之间的矛盾。这个世界很复杂，但是请大家相信方法总比困难多。第三个问题，和合主义。我们不断地释放善意，但是人家不理解我们的善意怎么办？我们中国有句话叫做"路遥知马力，日久见人心"。我认为我们真的为世界好，不用着急，得道多助，失道寡助，这5年、10年是吃亏的，但要相信100年、500年是一定不会吃亏的。和合主义不是研究眼前的问题，而是研究100年、200年后的问题，这是一个战略。

问：老师您好，我来自哈萨克斯坦，我有这样的问题，刚才提问了世界政府，我要问的是全球治理，全球治理和世界政府是不一样的，那么和合主义对此是怎么看的？我们现在的世界，每个国家都是不一样的，发展水平也不同，未来在全球治理的时代每个国家会有什么样的位置？我们会不会进入多极的世界，或是问题的世界？

答：这位留学生提出了对于全球治理中一些国家的担心，我给你举个例子，我们开奥运会，有高个有矮个，有胖子有瘦子，有年龄大的有年纪轻的，那怎么办？分组啊。有轻量级、重量级，有老年组、青年组。所以全球治理也是一样的，不是所有的国家都是一个主义，我认为这实际上就是多元。一个系统中，越是多元的，越是稳定的。单一的稳定是眼前的稳定，事后可能不稳定，所以越多元的世界越是合理的。特别是文化上的多元，在多元的世界中，我们通过不同的组合来实现全球治理。为什么说是"治理"而不是"管理"，"治理"主要是指大家来参与，怎么参与呢？有钱的出钱，有力的出力。哈萨克斯坦可以做出你们的贡献，我们可以做出我们的贡献，大家一起贡献自己的思想。谢谢！

问：我是一名留学生，我的问题是，联合国成立后世界大战没有了，但是局部战争天天在发生，联合国为什么在这方面作用有限呢？第二个问题是和合主义同联合国有什么关系呢？

答：这两个问题其实是一个问题。第一个问题是联合国需要改革，它是二战的成果和遗产，首先它是合理的，其次它在现代具有很大的不合理性。它的第一个不合理性就是它没有制止战争。如果联合国能够制止任何一场局部战争，那联合国做的是好的，但是它还缺少和合主义精神。联合国的很多大国其实还是现实主义、自由主义，建构主义很少很少，所以要制止战争，联合国的理念需要改变，我认为我们应该更多地宣传和合主义。联合国的遗产是二战留下的，现在要转向和合主义。第一就是"非战"，中国现在提供8000名维和人员给联合国用于制止战争，联合国在维和上有更多工作要做。第二要制止战争，联合国要高举和合主义的旗帜，而不是现实主义的旗帜，大家面和心不和，为了利益相互争夺易引发战争，应该用政治、经济、外交的途径来解决军事的冲突。我认为这样人类文明就有了上升的台阶。人类从野蛮战争到文明战争到没有战争，这是一个发展趋势。

问：老师您好，我是来自韩国的留学生，我有两个问题，第一是您怎么看东北亚几个国家之间存在的落差，第二个是和合主义和理想主义之间的区别是什么？

答：这个问题也很好。应该说，和合主义是一种理想，但是我们所说的理想主义有它特定的时间段，它是在一战后二战前国际关系理论中的一种主义。它强调要建立一个国联，来确保集体安全、来结盟，所以这个理想主义讲的是结盟式的理想主义，它后来被现实主义推翻了。如果把这个特定的历史条件拿掉，我们说理想主义和和合主义是一回事情，和合主义就是一个广义的理想主义，这是不矛盾的。但是和合主义既是理想的又是现实的，第一和平，我们非战，这是很现实的。第二和谐，那就要共同努力。至于我们的东北亚安全怎么来维护，中国有中国的感觉，韩国有韩国的感觉，但至少你应该有一个感受，中国和韩国走得越来越近，我们之间也是兄弟关系。据说在中国的留学生中，韩国学生占的比例是最大的，我的学生都开始学韩语了，我们有文化的同源性。

问：余教授您好，我很荣幸能向您提问。我知道您研究中印关系，我想知道和合主义对处理中印关系的参考价值是什么？

答：这么多年来，中国和印度在心理上有隔阂，爆发过两次战争，在传统安全上有情结，尤其是在边界问题上有不一样的看法。那怎么办呢？这个时候和合主义就有用了，也就是说我们把传统安全管控住，不要爆发战争；那么非传统安全上我们来进行全面的合作，比如说水资源合作、核能合作、环境合作，合作起来为全球治理做贡献。我认为，这就是传统安全以外在非传统安全上有很多路径都可以去共商、共建、共治。所以，现在中印在寻找安全共治的路径，比如印巴走廊，开发很多地方的环境保护，印度现在对此非常感兴趣。

现在很多国家提出中国要面临"修昔底德陷阱"，中国一旦发展一定爆发战争，和合主义认为并非如此。我们首先要改变的是认同，你认为这是陷阱，它就是陷阱，而如果我们认为是机遇，它就是我们的机遇。比如"一带一路"是中国的创意、世界的机遇，欢迎大家来共建、共治；但如果把它看做中国的扩张，是我们要侵占很多的资源，这样国际关系就会越来越紧张，这就体现出发展过程中和合主义的重要性。和合主义帮助我们对认同论的建构更加健康合理，而不是走来走去一转弯又回到传统安全里边去了。中国和印度也是一样的，站在十字路口，退一步是传统安全的冲突，进一步是非传统安全的合作。现在两国领导人讲得非常清楚：莫迪说——两个身体一种精神；习近平说——两个国家发一个声音，让世界震惊。我认为这个调子定得非常好。

在传统和非传统安全领域很多问题是交织的，没法一下子解决，可能要几代人才能解决，那么就只能是先解决非传统安全问题，再解决传统和非传统安全交织的问题，最后来解决传统安全的问题，这样三步走，那么两个国家和合就可操作了。

问：和合主义对于解决国际恐怖主义有什么样的帮助？

答：美国的反恐已经证明了武力反恐，越反越恐。我认为恐怖主义的根源是认同的冲突，恐怖主义用导弹是消灭不了的，最后还是要用和合主义在认同上消解冲突。在伊斯兰文明和基督教的冲突中，华夏文明要拿出我们自己的理论和思想来影响全球，让它们接受和合主义的理念，在以后选择自己道路的时候就会更和平而不是更暴力了。

第七讲

中美战略竞争趋势及其对亚太地区的影响

— 阎学通 —

第七讲　中美战略竞争趋势及其对亚太地区的影响

非常感谢北京语言大学给我安排了一个这么好的机会和大家进行分享。我讲座的题目叫"中美战略竞争趋势及其对亚太地区的影响"。美国大选后，大家最关心的是特朗普当选后带来的变化，就这个问题我主要谈三个方面：第一，特朗普的当选为什么会引起国际社会的恐慌？第二，这些恐慌说明了什么？背后是什么原因？第三，特朗普当选对亚太地区及中国崛起有什么影响？

一

特朗普当选引起国际社会恐慌的原因

第一个方面，我们首先来讨论一下特朗普为什么会当选。很多人都分析美国的国内情况，认为是美国白人男性高中毕业生，即所谓的"美白高"因经济全球化而失业，因此支持特朗普上台。把特朗普当选简单地归结于美国国内的这样一个变化，我觉得仔细分析这次选举，会发现这种观点恐怕不太合理。对于美国社会的这次"分裂"，特朗普得票比希拉里还少了一些，只不过他们赢得的选

区不一样。特朗普赢得的是美国中部地区的选票,希拉里主要赢得的是西部和东部两个发达地区的选票。从人员构成上看更是两极分化,有数据表明美国白人女性56%投票给特朗普。所以,尽管黑人女性不支持他,但多数白人女性还是支持的。另外,知识分子、穷人、富人都很支持特朗普。所以,美国这次"分裂"体现出这个国家是一个非常均衡的两大力量的相互对立。选举之前,我预测不出谁能赢,但我的判断是即使特朗普这次不能赢,下一次大选仍然会有特朗普这样的人能赢。因为美国民众对现在的政府不满意。不满意不是今天发生的,8年前奥巴马就是靠"Change"(改变)这个词赢得了大选。民众希望改变,但8年过后没有发生改变,或者改变不大,所以民众并不满意,他们要选择一个能改变的人。

当然,很多人都认为特朗普当选很"危险",现在他上台后更是证明了这一点。主流媒体、精英都认为特朗普上任以后对美国可能构成非常大的危害。但是反过来对多数要改变美国社会的人来讲,如果不选择这样的人而去选择希拉里,美国是不会改变的。要改变就得冒风险,不冒风险是不可能的。"改坏的风险"和"改好的可能性"是共生的。从这个意义上讲,单从美国国内看,反映了民众希望改变的心理。不光美国,很多国家的民众都在要求改变,这就是为什么说2016年是"黑马之年"。英国退出欧盟、菲律宾杜特尔特上台突然改变外交政策,种种变化都反映了社会要发生比较大的变化,所以大家都说2017年将是一个重大变化年。

关于这种现象,西方学者称之为"民粹主义"。如果民粹主义不只是在美国发生,而是在很多不同类型的国家都有同样的现象,那就要从共性上去寻找原因,而不是从美国的特殊性角度来寻找原因。例如越南驻华大使提出在越南也发生了一些民粹主义势力增长的情况,而这应该是发达国家、工业化国家和高福利国家的政治现象。特朗普这次当选,只不过是全球化发展到今天的一个结果,是全球化导致的全球范围内国际层面和国内层面的两极分化,社会出现了新的不公正。民众对不公正很不满，需要用激烈的方式来改变，于是就出现了所谓的民粹主义。"民粹主义"是什么呢？就是社会大众直接参与国家治理，跳过中间的政府机构，美国国内将其称为"建制派"，然后和领导者结合。总的来讲，现在全世界很多国家都出现了民粹主义，民众认为最不可相信的就是官僚作风，认为精英、官僚和专家的思想观念是不会有利于社会走向公正的。

再来说两极分化。全球化导致的严重问题是国内的两极分化，这种现象在各个国家都出现了。无论是多党制还是一党制，无论是民主选举还是非西方民主方式的制度，都有类似现象。为什么政治制度完全不同的国家都会出现两极分化？全球化决定了在全球范围内进行资源有效配置，只有跨国公司才做得到。跨国公司在某国生产，利用当地政策生产高污染产品，利用另一国的廉价劳动力生产劳动密集型产品，利用技术先进国家生产高技术产品，这样实现了在全球范围内的有效配置资源。其结果是利润大幅增长，生产效率极大提高，社会财富急剧增长。财富增长是全球化带来的，但是全球化不能解决分配问题，有人分配得多，有人分配得少。这就是为什么前几年有反全球化浪潮，反对大的跨国公司及其人员、资金、货物在全世界自由流动。大规模自由流动的结果是，当地的人被两极分化、被边缘化。再看国际层面的两极分化。比如二十国集团（G20）在全世界GDP的占比为80%—85%，贸易占比将近90%。世界其他国家分享的剩下的GDP将近占15%，这些国家认为在两极分化过程中一些国家更富了，而其他国家被边缘化了，更穷了。这种不满情绪在各国国内、国际两个层面都是越来越严重了。

因此，特朗普现象的出现实际是美国国内的不满情绪导致的。首先是对美国国内两极分化不满，其次是对国际社会的两极分化不满。在两极分化过程中，如果美国的地位越来越高，美国人当然满意。但两极分化的结果是美国相对衰落，中国成为全球化最大的受益国，中国与美国实力的差距缩小了，而不是拉大了。所有美国人都在问一个问题，精英们所谓的"政治正确"真的正确吗？这种正确为什么不能拉大与中国的差距，反而缩小了呢？怎么未能使美国的霸主地位更加稳固，而是相对衰落了呢？美国精英现在面临的大问题是他们在大众面前没法证明自己的价值观和意识形态是正确的、是对美国有利的。可能其价值观对别国有利而不是为美国服务，但他们不敢承认。美国政治精英回答不了美国民众的问题，因此不应当抱怨民众对他们不满意。全球化的发展导致了国内、国际两个层次的两极分化，使包括美国在内的许多国家的民众不满意，所以选出了像特朗普这样的领导人。

现在全球出现了所谓民粹主义或者反智主义现象，两者的关系是什么呢？民众开始认为精英只能说，不能做。2008年金融危机之后，如此多的经济学家也未能使美国摆脱经济危机。美国的一位经济学家曾提出世界将进入危机，危机是摆脱不了的，如果危机的周期是10年一次，那每次要持续8年，因此不危机的状态是特殊的。简单来说，全球化带来了生产能力极大提高和产能过剩。典型的例子是现在世界每天可以生产80亿公斤牛奶，全世界70多亿人，每个人至少喝1公斤，这是全世界产能过剩的体现。世界出现了生产每天都在进行，但人类无力消费的情况。经济学家说经济危机就是生产过剩、产能过剩。当前生产过剩成为常态，每天都是生产的比消费的多。从这个意义上来讲，人们面对的问题是在危机成为常态化的条件下应当怎么做。具体到美国这次大选，特朗普竞选网站上的竞选口号是：Make America Great Again（让美国再次伟大），特朗普提出的"让美国再次伟大"是很多民众希望看到的。

如果特朗普想"让美国再次伟大"，他就会问一个问题：美国不能像过去那样伟大的原因是什么？从内部讲，是精英的策略没能使美国继续维持伟大，其坚持的"政治正确"是错的。从外部讲，是因为中国赶上美国了。从冷战结束到现在，美国与世界所有国家都拉开了差距，只有与中国的差距缩小了。冷战结束的时候，日本的GDP是美国的2/3，现在却连1/3都不到；德国的GDP是美国的1/3，现在却连美国的1/5都不到。而中国呢？冷战结束时中国的GDP大概只相当于美国的7.5%，而现在已经相当于美国的60%了。所以对特朗普等保守的战略家而言，其面对的第一个问题就是从外部因素上怎样才能让美国不再相对衰落，是谁让美国相对衰落了？是中国。如果他是这种思路，就势必要阻止中国崛起，否则美国就没有"再次伟大"的可能性了。所以，从外部因素来讲，特朗普的上台是全球化带来的国际格局的变化。我的判断是国际格局开始向两极化发展，不是多极化趋势。如果仍然维持冷战后"一超多强"的格局，美国就没有今天的不满。

这次的恐慌不只是出现在美国一个国家，而是带有全球性的。不是特朗普上台会给美国人民带来"灾难"，把美国搞坏，而是特朗普执政之后，可能使全球化的负面作用进一步放大。大家可能看到《学习时报》的相关采访，其中提出英国退出欧盟是全球化弱化的一种体现。全球化是把"双刃剑"，有好的一面也有坏的一面。只能说全球化带来的人员交流、生产扩大、贸易自由、区域合作等有益的方面弱化了。但另一方面，例如贩毒、污染、恐怖主义、气候变暖、种族冲突、疾病传播等又表现得非常强劲，负面作用越来越大。此时，国家认为靠区域合作无法应对这些负面东西了。例如英国通过欧盟来控制移民进入自己国家并以此防止种族冲突，现在做不到了，那就选择退出欧盟。欧盟一开始有6个成员国，后来发展到十几个，等到28个成员国的时候其制度的效用越来越差。今天的变化是，各国要退回一体化之前的状态，靠自身发展，因为合作不能有效阻止全球化带来的负面影响。特朗普的思路也是如此，美国在世界范围内长期推动合作，结果是让美国地位下降，越合作地位越下降。这种逻辑不一定对，但他是这么认为的。

真正让人感到恐惧的是思想观念上的恐惧不断蔓延。冷战后，自由主义成为主流价值观。这个主流价值观突然遇到了特朗普，特朗普及其团队提出与自由主义对立的新价值观，于是自由主义者就很恐慌，因为现在主流观念在发生改变。而自由主义在知识界、媒体领域又是主流，所以大家看到的"恐慌"主要是通过媒体制造的。媒体人士恐慌，通过大众传媒带动社会恐慌。自由主义者希望推动全球化，希望全球化的正面作用越来越大，现在突然发现国际社会有势力在推动"逆全球化"，就是退出全球化，这时候自由主义的信仰就受到了质疑。特朗普的当选，对自由主义者打击非常大，因为自由主义认为制度是决定性的，制度设计得好就能约束领导人，领导人也无法更改制度。特朗普上台后，人们开始恐惧，怕他改变美国的制度。自由主义者认为美国的制度设计是世界上最好的，即使美国制度设计得不够好，也无法找到更好的替代。特朗普要对美国制度进行改变，从理论信仰层面来看对自由主义者是一个很大的打击。所以，这一次国际社会的恐慌是思想观念的恐慌，是意识形态的恐慌。恐慌到什么程度呢？我的理解是，所有人都担心2017年是"黑暗年"。这种恐慌也不是没有道理的，历史上没有任何一种价值观和意识形态可以永久性地占有主导地位，这是人类自古以来都没有的。观察现代社会，即世界成为一个整体之后，在一战之前民族主义是世界主流。二战时，法西斯主义泛滥。20世纪50年代，共产主义在全球范围兴起，20世纪60年代，民族主义又一次兴盛，到处是民族独立解放运动。20世纪90年代，自由主义兴盛，自由主义者在很多国家执政，推动市场化和全球化。今天，大家的恐惧不仅仅是特朗普要改变美国，而是很有可能出现全球范围的变化。特朗普不过是加快了这种变化的速度，无论是民粹主义还是反建制主义，它将在全球范围内成为一种政治思潮，而且这种政治思潮将使很多国家发生政权更迭，甚至出现国家分裂。1945年二战结束后，联合国只有51个成员国，现在有193个。冷战后自由主义思潮的兴起带来的结果是什么？世界又增加了20多个国家。这次新思潮的出现会带来什么结果？没人知道。从规律来看，即使现在不出现变化，以后也会出现。弗朗西斯·福山（Francis Fukuyama）曾经说"历史终结"了，意识形态斗争结束了，从此自由主义主导人类世界，一直主导下去，历史再也不会变化了。结果如何呢？现在看来，即使在美国也不能保证自由主义永远占绝对主流。

二

恐慌是什么，产生这种恐慌说明了什么

第一，知识分子都有政治信仰，从国际关系理论来讲，不同流派背后的哲学观念是不一样的。现实主义理论背后的哲学认为人是自私的、追求利益的。人追求的最大利益不是物质利益，而是人对人的支配即权力，所以国际关系是权力关系。自由主义坚信制度的作用，相信合作一定能带来双赢。冷战结束到现在，这种理论占主导地位，不仅在学界有影响力，也影响了许多国家的对外政策制定，它是现实的。中国讲双赢，否认国家之间的利益是零和关系，认为中美之间不是零和关系，零和关系是冷战思维。自由主义被认为是主观的，是从主观上去相信、判断国际关系的性质，而不是从客观上去判断。自由主义从主观上对中美关系进行认知，而不是从客观上分析这种关系是什么。现实主义认为国际关系是由客观的利益决定的。在现实主义思维下，美国想"再次伟大"，那中国就实现不了复兴，中国实现复兴，美国就无法"再次伟大"，两者之间是结构性矛盾。

这里出现了一个很大的问题：什么是恐慌？恐慌的是制度到底有没有用，人类发展到底是依赖制度建设还是"明君贤相"？在我的著作《世界权力的转移》中，我提出了道义现实主义理论，认为领导是第一位的，领导作为一个集体发挥作用。特朗普上台后，并不是他一个人在制定政策。特朗普一上来大家关心的是他选哪些人组成团队。为什么特朗普选什么人成为大家判断他政策走向的标准呢？因为政策是集体制定的，团队里意识形态一致、策略偏好一致，相互讨论导致相互支撑、相互论证，可以达成一个共识，形成一个决定。

制度和领导，哪一个是政策选择的自变量？如果制度是自变量，无论哪个领导人上来，政策的大方向都不会改变。但这里有个悖论：如果制度是决定性的，领导人上台后，政策大方向不会改变，就不存在所谓的激烈变革。现在很多人期盼美国的制度能约束住特朗普，认为特朗普2017年1月20日真正开始决策时，就不能像今天这样了。现在历史在检验，特朗普进入白宫后，到底是制度能约束他，还是他改变制度。目前，他已经任命了国防部长，该国防部长2013年从美军退役，而按照美国的制度规定，退役7年之后才能做国防部长。现在大家都认为，这在共和党主导的参众两院是能通过的。如果两院通过一个特殊条款让他成为国防部长，就意味着领导人能够改变制度。从学术的角度来看，第一变量是什么，自变量是什么？自变量到底是制度（institution），还是领导（leadership），这个判断是重大的。领导可以让国家变好，也可以让国家变坏，这就是现实主义的观点。自由主义认为只要制度设计好，国家就一定会越来越好，不可能变坏。另外，我们也看到，特朗普作为改变制度的领导人不是个例，他只是众多类似领导人之一，而且很多改变制度的领导人在他之前就已经执政了。以前俄罗斯总统一届任期是4年，普京在任期间改成了一届6年；安倍通过改变自民党的党内选举制度，可以执政9年；杜特尔特现在也可能会修改这方面的制度。所以，现在领导人要改变制度的现象不只在一个国家发生，在特朗普之前就已经发生了，特朗普只是在推动这个潮流，而不是引发这个潮流。所以恐慌的背后说明，很有可能我们所熟悉了30年的国际社会和国际政治会发生重大变化，向我们不熟悉的方向甚至是不喜欢的方向变化。这在美国有非常典型的反映——是否还需要坚持"政治正确"？其实它已经发展为这样一个问题："政治正确"对国家有好处，还是对国家有坏处？

民众对社会不公正不满，要求改变。用什么方法改变？中国的经验是什么？中国的经验是要改革不能要革命，这是一个基本的共识。历史上，英国比法国搞得好，因为英国的整个社会变化是渐进式的。法国爆发大革命，激荡式的变革对国家有很大的破坏性。现在出现了一个新问题，民众能不能接受改革而不是进行激烈的变革。在美国，我们看到的是激烈变革的要求，先不管方向正确不正确，要求改变的手段是激烈的。

从国际上看，现在出现了一种恐慌：极端手段有可能在今后一段时间，10年或15年之内成为国际关系互动的主要策略。合作不再是主流，更多地强调对抗和冲突，更多强调的不是"双赢"，而是"赢者通吃"，这是大家担心的。现在看到的是，当所谓的强硬领导、极端式领导成为很多国家的决策者时，他们能够选择不激烈对抗的策略吗？这就是为什么说道义现实主义认为领导类型决定战略偏好。现在恰巧是特朗普这一类人成为许多国家的领导人，他们都会采取激烈的、极端的、对抗冲突的战略，那冲突就会增加。据此，道义现实主义预测国际的大趋势应该是冲突增加的趋势，而不是减少的趋势。例如今天的报道是普京去日本访问前说，北方四岛等领土问题不在讨论范围之内。俄罗斯不认为日俄之间有领土争端，是日本单方面认为存在领土争端，俄罗斯的态度非常明确。杜特尔特上台之后也表示，美国的军事力量要从菲律宾撤走，没有商量的余地。这样的做法很有可能成为今后国际政治中的大趋势。

从中国国内看，有人对特朗普有恐惧心理。特朗普给蔡英文打电话，突破了1979年以来的"一中原则"。对此，美国的自由派学者们非常紧张，一位专门从事美国研究的美国学者就公开批评特朗普的这种行为可能导致中美对抗。美国学者不仅对特朗普不满意，对中国也不满意，他们都认为特朗普破坏"一中原则"，中国一定会强烈"反弹"，而实际情况是中国的表现与他们的预期不一致。这件事情说明什么？说明过去很多被认为是一定不变的东西，可能变化了。对中国来讲，可能会重新思考美国的对华政策。我们本以为无论如何美国不会突破"一中原则"，这种想法可能要调整。这次特朗普打电话，我们说这不是美国搞的，是蔡英文搞的，是台湾搞了个"小动作"。然而，特朗普表示这不是"小动作"，而是策划好的，是一个战略考虑，我们凭什么要遵守

"一中原则",于是中国才开始敦促美国遵守"一中原则"。原来我们坚信美国不可能改变原则,所以我们对世界的认识、对美国的认识恐怕得重新思考,我们用过去的思维方式来理解当今的世界是不是仍然有效。

在民众方面,我觉得一些人也有恐慌心理。从国际层面看,担心特朗普上台会给中国带来比较大的麻烦,例如担心国际经贸环境会改变。中国过去是全球化的最大受益者,全球化让中国越来越富裕,以后还能不能像过去那样受益? 2016年特朗普还没上台前,中国前三个季度进出口都是负增长,而过去几十年都是增长。外汇储备连续13个月流失、下降,到2016年11月还剩3.05万亿美元,预计到12月底要少于3万亿美元,而原来有4万亿美元的外汇储备。中国GDP的增长速度也在下降。2016年奥运会,中国的金牌数量不如2000年多,2000年奥运金牌数是28枚,2004年是32枚,2008年是51枚,2012年是38枚。改革开放以来金牌总数保持不断上升的趋势,然而2016年奥运会金牌总数严重下滑到26枚。一些人害怕国际经济活动环境恶化,更大的恐惧是国内民粹主义势力上升。我不认为中国的民粹主义不会发展。民粹主义可以是极"左",也可以是极右。现在民营企业投资大幅下滑,2016年民营企业投资只增长了0.2%,而民营企业对海外投资则增长了100倍。为什么民营企业不敢在国内投资? 就是因为民粹主义在上升,所以中央才下达关于保护私有财产的文件。文件能否让企业家安心? 国家说得很清楚,不能再折腾,要让企业家有安全感。国际上最近也有一些严重现象。以中国的市场经济地位为例,由于反建制主义的兴起,用国家主权来维护自己的利益,抵制全球化带来的负面冲击,很多国家搞贸易保护主义,不承认中国的市场经济地位。在汇率方面,人民币兑美元汇率下跌,特朗普上台一定会在汇率问题上向中国发难。另外,现在很多国家以战略安全为名,不让中国投资,我们要"走出去",这些国家不同意。到底特朗普的政策是他的个人观点,还是美国的一种新意识形态下的群体性政策呢?

三

中国崛起面临的国际环境的变化

　　第一个最大的变化是美国的变化。美国的变化是什么？美国制定的国家战略目标是什么？奥巴马时期的战略目标是维护美国的世界领导地位，决不允许让美国成为世界第二。美国采取"重返亚太"战略，通过加强与盟友的团结来应对中国，这是其基本战略，具体分为三条：加强跟传统盟友的合作、发展新盟友、和竞争者进行对话。这种战略让我们有相对稳定的心理预期：尽管中美竞争，但是美国愿意跟中国对话。特朗普入主白宫后，第一，名义上肯定不会再用"重返亚太"这个词。第二，巩固原有的同盟。此外，已经示意要跟俄罗斯改善战略关系，而会不会跟中国继续保持对话，或者如何评价和中国进行战略对话的重要性，我们还不知道。第三，伊朗问题，非常明确的是特朗普不接受奥巴马时期的对伊朗政策。第四，特朗普可能对中国这个竞争者采取更大的施压政策，而不是对话。那么，美国认为什么是对中国施压最有效的手段？在南海问题上，美国仍然可以继续和中国竞争，但找不到一个特别有效的抓手。这时候美国应该怎么办？其策略转移是再找一个新的抓手，这个抓手就是台湾。我不认为特朗普像我们国内一些人说的那样不懂外交，不知道什么是"一中原则"，不知道"一中原则"的敏感性和重要性，所以鲁莽行事。我觉得他是故意的，他知道这个"一中原则"非常敏感，所以就用"一中原则"来对付中国，用这四个字来换他想要的所有利益。因此，很有可能台湾问题会成为特朗普对华施压的最主要的一个砝码。就像 20 世纪 90 年代初，台湾问题成为美国对中国施压的众多手段中的一个最主要手段，这是 1996 年台海危机的一个重要原因。

第二，中日关系。日本的政策也很明确。日本国内没有严重的民粹主义，日本是所有发达国家中政治相对稳定的。安倍可以利用当前国内的广泛支持采取对抗中国的政策。由于他可能连任9年，其对华政策会更加强硬。经济上，安倍推动TPP发展。在日本国会上，有人提出根据TPP规定，协议的生效需批准国家的GDP之和超过所有签字国GDP总和的85%，美国一家就占了65%，美国不参加永远不可能通过。安倍认为即使如此，从政治上来讲，坚持下去也是有意义的。这背后意味着什么？我认为：第一，坚持说服美国参与，如果美国不参加，不排除接受秘鲁和墨西哥提出的方案，由日本出面领导成立规模更小的TPP。日本可以成为这个组织的领导，制衡中国的区域化努力。第二，对日本来说，市场的扩大对其有利。第三，更重要的是，即使美国不参与，日本与其他国家建成TPP，其利益也并不会受损。日本的对华政策是比较明确的，要阻止中国在东亚地区继续坐大，这一点应该是会坚持下去。不仅在经贸领域，日本还会利用台海紧张、韩国部署反导系统等问题。

第三，台湾问题。台湾问题非常危险，台湾绿营人士已经表态，甘愿做美国的"反华棋子"。台湾"法理独立"的条件和当年已经有巨大区别，岛内的法律工具已经被"台独"势力所控制。如果特朗普再以军事手段支持，形势会更加严峻。

第四，南海形势的变化。杜特尔特政策立场转变，不愿意再随着美国的指挥棒转，使南海形势有很大缓解。越南、印尼、马来西亚的政策都向着缓解地区局势发展。就剩下新加坡在观望，在等特朗普的政策，等政策明确了再决定是继续跟着美国，还是在南海问题上调整自己的政策，向中国倾斜。目前来看，南海地区的形势对中国相对有利，但是特朗普上台后会采取什么政策还不得而知。如果采取全面对抗的政策，那南海形势还会紧张。这种紧张不是因为岛屿争端，而是因为地区军备竞赛。中国已经宣布在南海岛屿部署军事装备是中国的主权，接下来，南海问题竞争的主体不是中国和其他声索国，而是中国和美国。

第五，中印关系。印度长期以来实施不结盟政策。印度的不结盟政策被认为很成功，使印度成为一个所有大国都追求的国家，都希望跟其改善关系。但这个策略的使用是有条件的。印度的不结盟政策用在对华政策上时，只有当中国和一个大国关系好的时候，印度才会采取在两个大国之间保持中立。一旦中国跟某个大国关系不好，印度会立即跟那个大国发展"结盟关系"。中国跟苏联关系好的时候，印度声称不结盟；中苏关系不好时，印度立刻跟苏联交好。中国跟美国关系好的时候，印度就保持中立；中美关系不好时，印度又开始倒向美国，只不过印美不是公开签订条约的结盟关系。在印度，国大党长期执政，不结盟是国大党的政治遗产。纳伦德拉·莫迪（Narendra Modi）属于人民党，所以莫迪就不愿提这个词，更不愿意执行这个政策，因为他不想让反对党的一个外交政策成为其外交政策的指导思想。这就是为什么印度跟美国的关系在转好，而且特朗普已经非常明确地说他执政之后要加大跟印度之间的战略合作。另外，印度跟日本越来越在战略利益上达成共识，两国都不如中国强大，所以必须进行战略合作以共同应对。日本跟印度的战略合作只会加强。日本作为一个核武器的受害国，居然跟印度一个不签署《不扩散核武器条约》的国家进行核合作，帮助印度提高浓缩铀提炼技术、发展战略核潜艇。可以明确看到，今后特朗普时期的美国、日本、印度三家合作可能会更加紧密。澳大利亚的对华政策发展不一定与上述国家相似，澳大利亚在经济上对中国需求很大，而且澳大利亚的知识分子和美国的主流知识分子一样是自由派，是反对特朗普的。因此，今后我们会看到印度、日本和美国三国合作对中国构成的压力越来越明显，现在已经出现了这种趋势。三国有联合军事演习，每年的规模都在扩大。特朗普时期的演习规模只会更加扩大，频率也可能增加。

第六，中国与巴基斯坦。巴基斯坦跟中国关系比较好，一起建设"中巴经济走廊"，但是"中巴经济走廊"的输送能力非常有限，限于崇山峻岭的地理条件，难以实现大规模货物的快速流通。

第七，美俄关系改善。如果美俄关系改善，就意味着中俄战略关系再进一步提升的难度非常大。对俄罗斯来讲，获得美国的战略支持意义重大，因为中国给俄罗斯的战略支持难以解决北约对俄罗斯的战略压力，而美国仅给予俄罗斯一定的战略合作意向，俄罗斯受到的北约的战略压力就会大大降低。现实主义观点认为大国的战略关系是零和为主，双赢为辅。所以对于俄罗斯来说，美俄关系改善意义非常重大，这是中俄关系进一步发展无法比拟的。

第八，中欧关系。美国如果跟俄罗斯改善关系，欧洲将没有什么选择余地，一定会向中国靠拢。最有可能第一个跟中国改善关系的恐怕不是德国，而是法国，但中法合作所产生的战略意义是非常有限的。

今天主要与大家谈了三点内容：一是特朗普当选导致的国际社会的恐慌是什么，二是这种恐慌说明了什么，三是中国在当下面临的新的国际形势会有什么变化。

谢谢大家！

第八讲

提高公共教育服务质量 促进全民学习

— 肖丽萍 —

同学们好！很高兴来到北京语言大学，今天我想从一名国际公务员的视角和同学们交流世界银行与中国教育的一些情况，我讲座的题目是"提高公共教育服务质量 促进全民学习"，与海报上的题目稍稍有变。

首先我要简要介绍一下世界银行在全球教育领域的投入情况和相关工作指南，总结一下过去十几年世界银行与中国教育的合作，为同学们了解世行提供一些信息，以期为中国教育政策开发提供参考。

一

世界银行与教育

世界银行是以扶贫和促进发展为宗旨的政府间国际组织，自1944年成立以来，为有需要的国家提供无息、低息贷款、赠款及技术支持，以促进发展。受援国从最初受到战争或自然灾害打击的国家扩展到所有发展中国家，进而扩展到中等收入国家。在过去70年里，世行通过投资于人、投资于环境帮助发展中国家解决危机、摆脱贫困。同时，世行也通过大量的政策研究成为发展理论倡导机构，其中《世界发展报告》成为汇集发展理论的世

行旗舰产品。

教育作为消除贫困和不平等的最有效途径，自1962年起就成为世行重要的投资领域。世行的教育战略和国别援助或伙伴战略是指导世行在每个伙伴国家开展教育合作的重要指南。

作为一个促进发展的国际组织，世行分析教育、与各国政府开展教育合作具有三个特点：全球视野、发展角度、倡导与实施的结合。世行借助于全球伙伴网络、丰富的专家资源，帮助各国教育决策者正确认识全球教育发展趋势，从而准确把握本国教育现状、改革本国教育。世行不只是就教育看教育，也不仅从经济的视角去看教育，而是从全球经济社会长远发展需要来分析未来人口、经济、政治、环境、技术等发展变化趋势，以及这些变化会给教育带来的影响。世行一方面通过研究和交流来分析和分享全球教育发展趋势与现状，另一方面还通过技术和资金支持，使教育贷款项目和知识合作围绕世行及国家战略重点来实施，促进世界各国教育事业的共同发展。

（一）《2004年世界发展报告》

在世行众多的《世界发展报告》中，2004年的发展报告被公认为指导了从2004年至今的公共服务领域的改革。世行《2004年世界发展报告：让服务惠及穷人》提出了改革公共服务的理论分析框架，总结了全球最佳实践，提出了改革公共服务的建议。

该报告认为，只有公共服务惠及穷人即满足贫困人口的需要，才能达到减贫、实现千年发展目标，并取得人类发展的普遍改善。公共服务体系中主要利益相关者包括决策者、服务提供方和服务接受方（参见图1）。报告提出改善公共服务的关键是改革公共服务体系中各利益相关者之间的责任关系，获得所有利益相关者的大力支持和共同努力。政府要监督和约束服务提供者，对向穷人提供有效服务的给予奖励，对无效服务给予惩罚；同时政府要倾听服务对象的声音，增加贫穷服务对象对服务的选择和参与。例如对公共教育服务，政府作为决策者委托学校提供公共教育服务，学生和家庭是公共教育服务的接受方。公共教育服务的接受方除了直接与供方沟通，还应该通过与政府沟通监督、约束、选择教育服务。

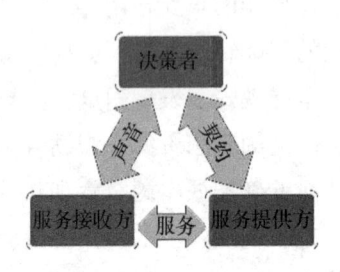

图1 关键利益关系

报告认为，不存在普遍适用的公共服务提供方式。各国应采取与服务特点以及国家的实际情况相适应的方式。比如，如果服务比较容易监督，那么服务就可以由中央政府直接提供或者承包出去。但是，如果很难对服务进行监督，那么就有必要做出尽可能强化服务对象权力的安排。哥伦比亚或孟加拉国等实行的基于收入的教育券计划、萨尔瓦多的社区管理学校制度，使得公共教育服务更能惠及穷人。

报告提出，仅在教育服务提供方面进行创新是不够的，还需要采取有效方式及时总结创新经验和教训，并在全国传播推广新的创新。国际经验表明，监测评估，特别是影响力评价即通过实验组与对照组的对比评估方式，可对创新进行系统分析，使得经验建立在事实与数据基础上，有利于新政策的制定和经验的传播。例如对墨西哥的"进步"计划的评估，使项目得以扩大规模惠及墨西哥人口的20%。

（二）《世界银行教育战略2010—2020》

自1962年帮助突尼斯建造中学和师范学院，世行一直在全球范围支持教育发展。为响应和支持联合国"千年发展目标"的实现，世行的教育投资自2000年开始逐步提高。到2010年，世界银行通过1500

多个贷款项目对全球教育投资了690亿美元，成为目前世界上为发展中国家教育提供最多资金支持的发展机构。在这一过程中，全球教育取得了极大的进步，发展中国家的失学儿童人数极大下降，性别差距也得到缩小。但受教育机会的增加也凸显出教育质量的重要性，进入学校的儿童是否真正掌握应该习得的知识技能，并培养适应未来社会的终身学习能力成为更受关注的问题。通讯信息技术及其他技术的极大进步正在改变工作的特性和就业市场对技能的需求。为应对这些变化和发展需求，基于2004年世行公共服务理论框架，世行在2010年10月制定了一个新的教育战略。新战略提出了一个新的目标，并确定了新的战略方向和实施新战略的重点和做法。

1. 战略目标：促进全民学习

面对全球教育面临的挑战，未来教育的目标应从促进"全民教育"转变为促进"全民学习"。因为经济增长发展和摆脱贫困最终取决于人们获得的知识和技能。一个国家劳动力的技能水平比平均受教育程度能更好地预测该国的经济增长率。对个人而言，尽管拥有一张文凭可能方便就业，但决定一个人生产力和适应新环境能力的是其真正拥有的知识和技能。知识和技能还有助于提高个人的生活质量。国际学生评估表明，很多发展中国家学生掌握的知识和技能水平很低，大部分发展中国家和经济合作与发展组织成员国之间存在很大的知识差距。因此，"全民学习"目标的提出是在获得入学机会的基础上更强调受教育的结果，是对"教育千年发展目标"的提升，有利于在促进教育机会公平的基础上进一步促进教育结果的公平。

要使所有的学习者在学习成果上取得进展，比为所有人提供入学机会困难得多。这不仅需要改革现有的教育体系，还需要所有利益相关者的大力支持和共同努力。但只有强调以结果为目标，才能提高所有投入和努力的成效，才能使儿童、青年和所有学习者真正学有所获，才能使人们的生活真正得以改善，才能使国家真正繁荣。所以，这个高目标的提出是适时的，是值得的所有人为之而共同努力的。

为达成"全民学习"的目标,各国对教育的投资应做到早投资、明智投资、为全民投资。第一,应投资于儿童早期教育,因为儿童在早期获得的基本技能令其终生学习成为可能。第二,教育投入应更为明智,即投资于有助于提升学习能力、提高学习质量的方面。第三,教育投入要帮助所有人在人生的任何阶段都能获得他们需要的知识和技能,特别要使女孩、残障人、少数民族等弱势群体获得与其他人同样的教育机会。

2. 战略方向:在国家层面改革教育体系,在地区和全球层面为教育改革打造高质量的知识基础

在国家层面,世行着重支持教育体系改革。教育体系泛指一个国家中可获得的各种学习机会,是教育大系统中的各种教育要素的有序组合。它包括各类教育培训项目、项目中所有利益相关者,还包括约束该体系的规则、政策和问责机制,以及维持该体系的投入机制。所以,加强教育体系意味着通过整体改革来促进全民学习。整体改革包括改革教育体系中各利益相关者的责任关系,在投入和结果之间建立一个明确的反馈关系,以促进教育公平和效率。世行将会把资金及技术支持的重点放在促进学习成果的体系改革上。例如,在质量标准的制定和测量、教育体系的管理和治理、以事实为依据的政策制定和创新等方面帮助伙伴国家开展能力建设,从而帮助伙伴国家根据国家教育目标衡量系统绩效,提高治理和管理水平。

在地区和全球层面,世行致力于打造指引教育体系改革的高质量的全球知识基础。世行将通过体系评估、影响力评估及对学习和技能的评估,帮助伙伴国家回答影响教育改革的一些关键问题。例如,我们体系的优势在哪里?缺点在哪里?哪些干预措施已证实在解决这些缺点上最有效?这些措施是否影响到最弱势的群体?公共部门和私营部门在提供服务方面的关键作用是什么?青少年是否获得他们需要的知识和技能?世行已开发系统评估和基准设定的新工具,用于儿童早期发展、教师职业发展、高等教育和技能发展等多领域的教育政策分析。

3. 战略实施：通过知识的产生和交流、技术和资金支持以及战略伙伴关系实施新战略。

世界银行 2020 年教育战略重点：

> 世行教育目标：全民学习。
> 战略方向：加强教育体系；打造高质量知识基础。
> 战略实施：知识；技术与资金支持；战略伙伴。

世行基于用系统评估和基准设定工具收集到的数据，来评估一个教育体系提高学习成果的能力，并促进伙伴国家和其他组织之间的交流。世行也将用这些知识来指导对伙伴国家的技术和资金支持。世行采用一套绩效、成果和影响指标来衡量战略的成功程度。这些指标包括：对世行可直接掌控的领域进行衡量的绩效指标；对伙伴国家和世行共同努力的领域进行衡量的结果指标；对教育战略最终目标的实现进行监测的影响指标。

（三）《中国国别伙伴战略2013—2016》

世行与中国在过去30多年的合作中已建立起双向且不断发展的伙伴关系。在合作早期，世行利用国际经验帮助中国设计经济社会改革方案，提高项目管理水平，解决经济社会发展的关键瓶颈问题。在教育领域，支持中国各级各类教育恢复和发展，近年注重向世界介绍中国普及义务教育经验和上海提升公共教育服务质量的成果。在其他领域，近年世行致力于帮助中国应对环境挑战和其他优先发展任务。这些变化和合作重点都体现在《中国国别伙伴战略2013—2016》中。此国别战略与中国政府"十二五"规划相吻合，重点支持三大主题：绿色增长、包容性发展、与世界建立互利共赢关系。其中"包容性发展"是通过机会均等改革助推增长模式的转变。支持中国进一步扩大教育机会，进一步提高教育质量进而提高人力资本是在"包容性发展"之下世行在中国教育领域的工作重点。

二

世界银行与中国教育合作

中国是1944年世界银行成立时的创建成员国之一。中国自1980年恢复成员国席位后的第一个贷款项目是教育项目，即"高等学校发展项目"（1981—1986年）。世行利用国际经验，用项目方式帮助中国恢复重建高等教育，推进义务教育实施，发展职业技术教育，提高项目管理水平。近年世行与中国教育合作致力于帮助省级政府改革职业技术教育，提升劳动力技能，开展早期教育改革试点。到2015年，世行通过24个单独贷款项目对中国教育投资了20.5亿美元，同时也就教育改革和发展中遇到的一些关键问题和重要领域提供技术援助，开展知识合作。

（一）知识合作

合作方式多样，即有世行团队独立研究，也有对中方研究提供资金及技术支持。例如，2009年1月，世行应中国教育部要求，对《中国教育中长期教育发展规划》做出独立评估报告。2012—2013年，世行对新疆、云南职业技术教育进行分析研究。再如，2005—2010年，世行利用小额赠款对教育部的流动和留守儿童政策研究、教师标准研究及基础教育质量监测能力建设等项目提供了技术援助。这些技术援助包括研究计划方案制订、招标方式选择专家团队、合同管理方式管理专家团队、项目监测评估保证研究质量等等。有些知识合作直接带动了随后的贷款合作。例如，世行对新疆职业技术教育的分析研究。

在 2012 年，世行采用在新战略支持下开发出的"对劳动力资源开发的促进结果的基准分析工具"，对新疆职业技术教育与培训系统进行了系统分析。该工具旨在参照国际最佳经验评估一个国家职业技术教育与培训政策、机制及实施的完善程度。评估围绕战略框架、系统监督、服务实施三个维度，每个维度又细分为管理、财政、信息三个政策目标及九个更细化的政策举措。全球职业技术教育与培训体系分为以下四个阶段：尚未形成（得分为 1.00—1.75）、正在形成（得分为 1.76—2.50）、已经建立（得分为 2.51—3.25）、已经成熟（得分为 3.26—4.00）。研究结果显示：（1）新疆职业技术教育与培训体系总体已进入"已经建立"阶段。其中"劳动力资源开发的战略框架"接近"已经建立"中间阶段（2.9 分），而"服务实施"和"系统监督"刚刚进入"已经建立"阶段（2.7 分）。（2）在九个政策目标中，确定战略重点和方向与质量标准这两方面政策和机制得分最高，而提供优质培训的激励机制最为薄弱。（3）在 27 项政策举措中，新疆与国际最佳实践最接近、得分高的包括：确保劳动力资源开发关键战略重点的一致性，确定对培训机构认证的标准，将劳动力资源开发置于经济发展的优先地位，确保认证和技能证书的可信度以及加强技能测试和技能证书；得分低、面临问题较多的是：促进培训提供的多样化，促进各层次教学和各项目间的衔接，促进劳动力资源开发的利益相关方之间的交流与互动，加强政府部门和利益相关方的合作关系以及增强企业对技能的需求以提高生产率。

报告建议从短期及中长期两方面来全面提升新疆职业技术教育与培训体系。短期建议针对改进最低得分项，弥补整个体系的短板。重点是增加需求导向的职业技术教育与培训的供给，同时提高技能提供的质量和相关性。建议通过国际合作项目或国内项目，开展创新试点（如校企合作有效方式、师资培训有效方法、学分制、购买培训服务、监测评估、学习标准制定、资金分配与管理方法、设立调整及关闭培训项目的程序等）。中长期建议着重机制的变革与完善。通过完善治理、质量保障和监测评估机制，衔接基础教育与职业技术教育，来进一步提高职业技术教育与培训质量，构建灵活多样的新疆现代职业技术教育与培训体系，并努力使特色职业技术教育学校及专业达到国内一流。

（二）贷款合作

贷款合作也是引入创新、分享知识的平台。世行团队与合作方在共同设计和实施项目过程中进行技术创新和学习交流。在设计阶段，世行团队注重知识合作先行，结合国际教育发展趋势和国情、发展现状，分析存在问题，确定项目目标，设计有创新性项目活动。在项目实施阶段，世行团队根据实施中存在的问题，适时引入国内外专家提供实施支持。近年世行教育项目集中在职业技术教育领域。因为经济社会长远发展的瓶颈越来越表现为高质量的人力资本短缺，增进儿童青年的知识技能、提高劳动者素质是中国经济社会可持续增长的关键。2009年6月世行董事会批准了广东职业技术教育项目，之后又连续批复了辽宁、山东职教项目，以及云南职教项目和新疆职教项目。

广东职教项目已于2014年12底顺利完工。广东职教项目在提高技术技能型人才培养的质量及针对性方面，进行了学校层面整体改革和政策层面的系统研究，取得了积极成效。广东项目在2009年确立的发展目标"提高项目学校质量和相关性，满足地方经济社会发展的技能需求"，与2014年国家新政策提出的建立现代职业教育体系发展目标高度切合。新政策提出的许多具体措施，已成为项目学校总结出的成功经验和做法，如双证书、中高职衔接、现代学徒制、独立第三方评价等。机制体制方面主要创新如下：

探索围绕能力本位和需求驱动的职业技术学校整体改革。面对项目准备期间广东省技工学校存在招生有限、课程内容陈旧与行业要求脱节、实训设备不足、教师缺少产业实践经验和教学技能、管理人员缺乏适应快速经济形势变化的管理能力等问题，项目支持了学校整体改革，通过以校企合作为主线的学校全面改革（包括课程、方法、评价、管理、办学条件改进等）来全面提高技工院校办学水平。在课程、教学、评价改革方面，项目培训力度空前，方式方法多样。在培训地点上，校内培训、国内培训、国外境外培训相结合；参训人员涵盖校领导、中层干部、专业带头人、骨干教师及全体教师；培训内容上，针对不同群体灵活安排；培训方式上，讲座、公开课、研讨会、校内讲师团、参加科研课题等多种多样。这些探索提高了培训的针对性、灵活性和有效性，提高了教师和管理人员的职业能力，确保了各项改革的实施。

探索以学生和教师评价为核心的学校绩效管理，规范校企合作，追踪毕业生就业情况，提升学校整体管理水平。项目支持了学校网络建设，全面提升了学校信息管理。轻工学院牵头的基于能力本位的学生及教师评价改革，使项目学校绩效管理基于教与学的结果，调动了教师积极性。城建学院牵头开发的《校企合作指南》《专业指导委员会章程》和《校企合作合同范本》，规范了校企合作，并被广东省人社厅在全省"百校千企"校企合作大会上推广使用。阳江学院牵头开发的学生追踪研究系统使得学校信息管理系统实现从招生到就业追踪全覆盖，使学生追踪服务成为学校教育管理的一项常规工作。第三方专业机构引入，提升了评价的客观性和科学性。项目下的这些改革使得学校治理能力得到提高。

通过密切监测和评估项目的进展情况，开展课题研究，总结经验教训，给国内其他省区以及其他国家提供借鉴。项目设计了一套三个层次监测评估指标（最终结果、中间结果和产出），并引入项目影响力评价来加强管理与问责，同时便于及时总结经验教训。最终结果、中间结果每年统计一次，用于分析项目目标达成情况；产出指标针对每项主要项目活动，每年统计两次，用于分析项目实施进展、存在问题。项目影响力评价在2010年及2014年开展两次，通过两次前后对比，以及与全省数据的对比分析，确定项目支持的一系列改革活动带来了教师教学的提升、学生就业能力与质量的提升，以及学校办学质量的提升。项目还支持教师参加课题研究，及时总结参与课程教学改革的经验教训，提高了教师的研究能力，论文成果还结集出版。项目经验已通过接待参观、研讨会、视频及出版物、省级文件等方式分享给省内外其他技工院校、世行非洲局和南亚局、亚行等机构。

项目管理规范，项目准备注重参与性，项目实施注重计划性、能力建设和技术支持。项目设计非常注重参与性。首先从问题出发，世行团队与省项目办及项目学校分析各学校存在问题，在充分讨论基础上对项目目标和活动达成共识；同时对项目活动的设计充分考虑各学校的特点，形成特色活动。每所项目学校在5年期间都有一个详细的实施方案规范项目实施。这个方案包括每一年项目活动内容、负责实施的部门、时间要求、资金需求、产出及结果指标。每年底在总结分析基础上，提出下一年的调整计划。项目下引进了大量国内外专家，在课程建设、师资培训、监测评估、项目总结等方面给学校提供了大量及时的能力建设与技术支持。

因此，广东职教项目的成功实施，为中国实现建立现代职教体系的发展目标提供了学校层面全面改革的科学可行的实施办法和成功案例。该项目的创新实践做法和经验得到了中国政府及世行内部评估局的高度评价。在广东职教项目基础上，后续职教项目不断扩大创新点，如辽宁项目实现跨部门合作，云南项目深化与研究机构、企业行业合作，新疆项目促进均衡发展等。

三

对中国教育深化改革的建议

中国教育在过去10年里取得了极大的进步。到2014年，中国以占GDP 4.28%的投入运行着有2.08亿学生的世界上最大的教育系统；小学适龄儿童入学率达到99.81%，高等教育毛入学率提高到37.5%。中国教育发展促进了全球"千年发展目标"和"全民教育目标"的实现。但中国教育仍面临着问题和挑战，如地区之间、城乡之间教育仍存在较大差距，各级教育急需进一步提高质量，职业技术教育仍是薄弱环节。中国仍然需要引进国际经验，深化教育改革。

（一）目标方向与实施并重

中国确定的教育中长期发展改革目标重在提高质量，与国际趋势一致，也与世行新的教育战略强调学习结果是一致的。建议今后改革应重视拟定规划的实施。尤其是对于教育"十二五"规划实施存在问题，突破不够的领域或项目，要通过深入研究、制定实施计划、严格管理进行重点突破。下面以职教改革为例，对职教改革的实施提出一些建议。

（三）职教改革

"十二五"期间国家重视职业技术教育，加大对职业技术教育与培训的投入，使职业技术教育规模扩大，就业率保持较高水平。除了加强跨部门合作，职业技术教育与培训的系统监督和服务提供还需进一步改进，使职业技术教育提供在质量、针对性、效益上进一步提升。世行职教项目在广东、辽宁、山东、云南等省实施，成为成功案例。

跨部门合作提升职业技术教育的治理水平：世行辽宁、云南职教项目实现了职业技术教育的跨部门合作。这两个项目的项目学校包括了教育、人社、城建、农林、交通、地矿等多部门。统一的项目管理实施框架和各方密切配合，使得项目最终能顺利实施。这表明职业技术教育的跨部门合作是可以实现的，关键是有个统一的设计安排明确各利益相关者之间的责任关系，并通过严格管理所有利益相关者的共同努力得到落实。中国今后的职业技术教育改革需要更多跨部门合作，汇聚多方资源和优势，使职业技术教育的提供符合劳动力市场需求以及学习者终身发展的需求。

系统监督提高职业技术教育的管理质量：世行职教项目在促进职业

技术教育与培训的衔接贯通上做了尝试。广东、云南项目支持项目学校根据市场需求制定或修改学习标准，通过学习标准来衔接各层次教学。建议中国职教改革在加强中高职及应用本科的衔接上，通过实施学分制和制定学习标准来促进各层次教学和各项目间的衔接，进而可推动终身教育的实现。世行项目严格的财务管理也可为改进中国教育资金管理提供借鉴。世行项目资金计划是在所有人员的参与下于项目准备期提出，并由专业人员设计出财务管理要求，实施期间定期检查和审计，以保证项目资金严格合理支持所有项目活动实现项目目标。建议在继续加大投入，进一步改善职业技术教育办学条件的同时，提高资金使用效益，通过完善资金预算标准和程序提高财政资金分配的公平性和透明度，采用绩效评估提高公共资金使用的有效性，尤其加强对专项资金和财政补贴项目的管理，建立对资金分配标准定期审查制度。建议建立系统全面的监测评估系统来加强对未来技能需求评估、完善对技能提供质量的评估（注重产出和结果，如毕业生就业率、起薪、用人单位满意度等）、开展对政策措施或项目实施后的影响力评估，为政策改进提供信息支持。

学校改革提高职业技术教育质量、相关性和效益：世行职教项目通过改进学校管理和治理提升技能提供的质量、相关性、效益。可以推广的改革创新做法主要有以下三点：探索围绕能力本位和需求驱动的职业技术学校整体改革。通过以校企合作为主线的学校全面改革（包括课程、方法、评价、管理、办学条件改进等）来全面提高学校办学水平。尽管各校改革的侧重点不同，但都是通过校企合作探索能力本位和需求驱动的职教内容、方法和评价的改革，来提高学校人才培养质量和针对性，适应向知识经济转型的需要。探索教师职业能力提升的多元方式，确保学校改革的实现。教师是教育改革的关键，但培训要提高针对性、灵活性和有效性，确保教师和管理人员职业能力提升和改革活动的实施。探索以学生和教师评价为核心的学校绩效管理，规范校企合作，追踪毕业生就业情况，提升学校整体管理水平。

（三）国际化

中国与世行、其他多边及双边国际机构开展多年富有成效的合作。今后应进一步加强教育国际交流与合作，促进中国教育的国际化。走向国际化的关键是在国际合作中形成国际化的视野，培养国际化的人才。

借鉴国际标准评价中国教育质量：随着经济全球化，一个国家教育发展水平和质量已不能由本国自己认定的标准来衡量，而要以国际教育发展的水平和质量为参照，以国际标准来评价和考察。上海等地通过参加 OECE 的国际学生测评，明确了上海基础教育公共服务的质量已在国际上名列前茅。世行也开发出一套系统分析工具可对教育系统进行分类的评估分析。建议可采用这套工具对中国或省市教育系统进行基准分析，对照国际最佳实践发现长处及不足，将有利于确定改革重点，促进改革。

扩大国际机构的试点项目：世行等国际机构项目都是引入国际经验来解决中国教育存在的问题。对这些创新试点应在分析评估后进行推广。20 世纪 90 年代教育部借鉴世行基础项目实施了国家义务教育工程，极大推进了义务教育的实施。这种做法证实了扩大国际机构试点项目是有效可行的。世行近年来所有职教项目都包含监测评估和影响力评价，为更好地传播创新示范项目提供了事实和分析的基础。建议中国政府关注并在更大范围传播世行贷款项目成果，实现政策影响最大化。例如，政府可在财政支持的职教项目中引入世行职业项目经验，扩大创新试点到更多省份、更多学校。同时，管理部门可在提炼总结学校改革创新基础上，在职业技术教育与培训的制度监督和服务提供方面（如学校管理、校企合作、跨部门合作等）形成新的管理规范或要求，进而形成新的制度。

用国际化的表述传递中国教育改革的经验：对中国在过去 30 年里进行的教育改革，为促进教育公平、提供教育质量做出的努力，要学习用国际通用的表述来总结和介绍。例如，世行采用了"交付科学"的概念来描述公共服务提供，2015年还设计了一套模板供各国总结改革发展的成功案例。再如，"管办评分离"提法实际上是要理顺公共服务体系中各利益相关者之间的责任关系。

培养国际化人才：目前国际机构中中国籍员工仍较少。随着中国对外合作项目增加，中国援外工作人员能力也有待提升。中国急需培养培训有语言能力、国际视野、能参与国际交流合作的教育领域人才。建议在重点综合性院校设置国际发展的硕士项目，用来培养能进入国际机构青年人才，同时选择教育领域的年轻学者或在国外大学取得硕士、博士学位的毕业生进行培训，并送入国际机构实习锻炼。

第九讲

一个大使的成长与思考

— 王嵎生 —

大家好！

今天是我第一次来北京语言大学。我读书的时候，无论是初中、高中还是大学，都在学生会工作过，组织过很多活动，所以跟同学们一见面，我就感到非常高兴。大家都会一首美国民歌，叫做"Gone Are the Days When I Was Young and Gay"，青春一去不复返啊！当我跟你们见面的时候，就想把这个"gone"改成另一个字"back are the days"，青春又回来了。大学毕业以后，凡是跟青年团、学生会的朋友们相聚，无论是讲课还是聊天，我就感觉又回到了学生时代。我已经88岁了，同学们才20岁左右，看到你们我特别高兴。

本来想讲"国际形势和中国外交"，这个方面比较内行一点，但估计同学们在课上已经了解了不少，所以我想还是讲"一个大使的成长与思考"这个题目比较好，就是和大家交流，谈谈我的体会，主要是谈自己的成长过程、遇到的问题和怎么应对。

我在开场的时候想跟同学们分享一件往事。我的家庭可以说是书香门第，家人有不少是高材生，清华大学、复旦大学和北京大学的都有。我孙女进清华的时候，坚持要到荷兰留学，我跟她讲的最重要的一句话是：学好专业非常重要，但学会怎么做人更重要。她认可我的话，说："爷爷，我同意你的意见。"专业不是最重要的，专业学得再好，如果不能学会做好人，作为一个人是失败的。我的体会有以下几方面。

一

用勤奋加上谦虚弥补专业知识的不足

我刚工作的时候，团组织、党组织教育我们要做一粒种子，到了哪里就要在哪里生根、发芽、开花、结果。这话说出来容易，但要真正做到，凭我这几十年的经验来看，还真是很难。现在同学们在学校学习，虽然成绩优秀，但等毕业工作后，还会感到不适应。到任何单位，即使是最喜欢的单位，也不可能完全适应。我年轻时曾就读于北京外国语大学，学习英语专业，也学了一些其他课程，做过两年学生会主席。毕业后，一到外交部就被分到礼宾司工作。当时我有一些情绪，有点自傲，认为是大材小用。当时我一点礼宾知识都没有，在礼宾司有很多东西我都没办法适应，怎么办？必须要适应工作，必须要有一股进取的精神，这样种子才能生根发芽。那时候我在外交部礼宾司就一直学习国际关系史和礼宾知识等，学到很多东西。所以，仅仅在学校成绩优秀是不足以适应工作的，无论到哪里，必须要在新的环境里继续努力。

后来我被派往朝鲜，做翻译和联络工作。当时外国人来电话，我真是听不懂，"beg your pardon"你能说一次、两次，但不能说三次、四次。后来我找人练口语，一有空闲就利用各种机会跟人聊天，讲不好也要讲。那时候还不能听外国广播电台，我抱着收音机听"美国之音"和 BBC，那时候叫"偷听敌台"。一年以后我基本适应了工作。捷克和波兰外交人员只讲俄语，我又硬着头皮学了 18 课俄语教科书，俄语能够满足工作要求，可以与跟他们聊乒乓球，能通知他们什么时候要到车站、机场检查。虽然现在俄语生疏了，但当时还是解决了问题。

回国后组织派我到斯里兰卡工作，斯里兰卡上层人士的英文都不错，但普通老百姓和一般中层人士的英文不好，他们讲僧伽罗语，叫"Sinhalese"。斯里兰卡大使跟我讲："小伙子，好好学僧伽罗语，以后你做这个问题的专家。"我就拼命学僧伽罗语，经过努力，我的僧伽罗语学到什么程度呢？使馆雇人翻译的中国外交部声明，大使馆要先让我从头到尾看一遍，看看有没有政治错误。有一次陪大使去演讲，他问我："小伙子，能讲几句僧伽罗语吗？这个地方的人都不懂英语。"我当时用僧伽罗语翻译了大使的5句讲话，后来很多斯里兰卡人都说中国人真了不起，那么一个大国的外交官能讲我们这个小国的语言。

在外交部工作，单位可能派你到一个你根本就不熟悉的地方，这很难避免。后来我到哥伦比亚工作，那里都说 español，西班牙语。英语是高层人士讲的，报纸、电台都不用英语。我作为大使问下属今天有什么重要消息，他说："大使，今天好像没什么重要消息。"他说没有什么重要消息，我的作用就不能发挥。后来我找到翻译，要一本通过英语学习西班牙语的书，跟他学西班牙语。因为我懂英语，又懂一点法语，法语与西班牙语有相同之处，4个月以后我就开始读报，虽然很慢。有一次我看了报纸标题后，再问那位下属有什么重要消息，他说没什么重要消息，我指着一条说这个好像还蛮重要的，能不能给我念一念，这样我就争取了主动权。

为什么我要讲这些往事？我想通过自己的经历告诉大家要适应工作是不容易的。我相信谁都有不足的地方，勤奋可以弥补专业知识的不足，可以弥补才智的不足，如果再加上一点谦虚，经常向别人请教，虽不至于立于不败之地，起码可以适应工作的需要。

从哥伦比亚回来我已经63岁，组织派我去做APEC的大使级官员，问我能否放弃休假率代表团去美国开会。既然组织要求，我就拼命看相关材料。同学们工作后就会知道，不管看多少材料、文件，实践中肯定会遇到问题，没有实践是不行的，一到实践的时候就会遇到难题。代表团成员中领导、专家都有，都非常熟悉业务。他们很热心，专业知识都很好，我不断地问他们，他们也很耐心地跟我讲具体业务。记得第一次参会的时候，与台湾相关的问题很多，具体问题处理起来很困难，但第二次参会就轻车熟路了。我靠的就是勤奋、谦虚和不耻下问，所以那时候他们把我叫做"大使级的小学生"，我就这么闯过来了。我在任期间，APEC内斗争很尖锐，经常与西方特别是美国辩论，没有水平是绝对不行的。我深信勤奋加上谦虚可以弥补专业知识的不足，可以弥补天赋的不足。

1997年亚洲金融危机时我在温哥华开会。我没学过经济学，虽然后来学过一点，但也是浅尝辄止，更没学过金融。金融危机究竟是怎么一回事？为什么发生？如何应对？我没有相关知识。代表团到了温哥华，因为城市漂亮，很多人都出去转。我们团有21个部委的厅局级干部加上专家学者，因为感到责任重大，不能有一点差错，我就静下心来看金融危机的相关文件，请教专家。

亚洲金融危机刚出现的时候，我感到很紧张，但韩国大使很自信，他讲："王大使，我相信我们韩国肯定不会发生这样的事情，韩国的经济状况很好。"我说但愿如此，但第二天早晨，韩国金融危机爆发了。韩国大使说："我之前太大意了，没想到我们韩国也遭受这样的灾难，我向你道歉。"我说："你也不了解具体情况，出了这种事情我们需要注意，吸收一些经验教训。"我跟韩国大使讲，中国很难说会不受到冲击，会不会发生那么大的金融危机，现在看来还不至于，但不敢保证之后不会有变化。要是对金融危机一点都不了解，我是不能这样表态的。记得那时候印度尼西亚、马来西亚和泰国等国深陷危机，整个亚洲经济都受到严重威胁。这时候中国APEC代表团回国，很多人问我们是如何跟朱镕基同志反映经济情况的，都想摸个底，我对他们说不要摸这个底，除非自己有一个基本的看法。我们回来以后，国内做了决定，再怎么困难，人民币绝对不能贬值，这个时候人民币要是贬值，其他国家的货币状况就更糟糕了。专业知识告诉给我们，再怎么困难，人民币就是坚持不贬值。APEC的很多别国高官都跟我讲："王大使，中国真是够朋友，从件事就看出来中国不是跟我们讲讲而已，而是真的宁愿自己受损失，也不让人民币贬值。"这件事情要做到是非常不容易的，我们中国就是做到了，所以东盟国家从心底感谢我们，认为中国是真正的朋友。讲这件事是告诉同学们，要谦虚勤奋，学习专业知识要认真。

工作中还会遇到其他难题。比如严格来讲，作为大使没有义务接受记者采访。如果记者提问，相关问题又没得到组织给出的表态口径，怎么应对？我给大家举一两个例子。1994年我在印度尼西亚参会，那时有很多敏感问题。台湾想派代表参会，我们不断地和印尼谈，决不能出现这种事情。当时我跟国际司的一位处长尽可能回避记者采访，但后来我们想，总是不露面也不现实，总会遇到记者。我们曾遇到记者提问："听说李登辉要派他的代表参加APEC会议，中国怎么看这个问题？"这个问题非常尖锐，我们不知道苏哈多总统关于此事的决定，但必须阐明中国的基本政策和立场。对于相关问题，我们在APEC里与美国有尖锐争论。还是在APEC西雅图领导人非正式会议时，我们因为这个问题与美国代表进行过激烈斗争，最后美国做了书面保证，一定按照APEC的规则，只同意台湾地区负责经济的人士来参会。这些保证就是要避免"两个中国"的错误。我们跟印尼高官也有一个口头协议，但还没达成书面协议，恰恰在这个时候，有记者说李登辉派其私人代表参会，还说苏哈托总统已经同意了。如果我们仍不表态，外国记者马上就可以宣传：我们问了中国代表这个问题，中国代表保持沉默，就是实质上默认了，这样就会非常被动。此时，我们要把握好表态的内容，绝不能擅自做主，随便表态，必须对中国基本的外交政策有一定理解，自己要有把握，才能敢于表态。我跟记者讲：这种传闻是不可能的，是他们捏造了苏哈托总统同意的传闻，我知道苏哈托总统是不会同意的，因为反对"两个中国"是印度尼西亚一直坚持的政策。第二天，报纸媒体就刊出中国高官断然否定传闻的新闻。事实也是这样的，台湾地区只来一个负责经济的人士。在类似的情况下，一个外交官不能从个人角度考虑问题，回避或擅作主张都会给国家造成更大的损失。

1998年，马来西亚按照本国国情对货币进行了一定管理。西方一片攻击指责，认为这完全违反自由汇兑政策。我作为中国代表去马来西亚开会，马来西亚记者立刻赶来问中国怎样看待这个问题。其实我也可以不回答，这样不会有失误，外交部也不会问责，但当时我想这正是表达中国主张的时候，中国一向主张国家根据自己国情自主决定内政，我就根据这个标准做了回答。第二天马来西亚所有的重要报纸头版都刊登了中国支持马来西亚、主权国家有权自己做决定的新闻，影响非常大。记者提问时，不回答当然可以避免犯错误，但是外交主动权减少了。我希望通过讲这些历史事件，与大家分享遇到一些事情时该如何处理。

还有一个例子。APEC 有 "APEC Approach"，叫做 "APEC 方式"。1993 年在美国举行第一次领导人非正式会议时，美国曾经想组织一个亚太范围的经济共同体，推进高度自由的经贸活动，那个时候中国还不能接受这种标准，参与 APEC 的很多发展中国家也难以接受。经过争论，虽然共同体未能实现，但《西雅图宣言》提出要建立一个"大家庭"，按照"大家庭精神"（the Spirit of Big Family）来区分各成员、组织合作，这是这次会议的成果。但什么是"大家庭精神"？由于会期限制无法讨论具体内容，只是由各国领导人确定了基本概念。第二年在印度尼西亚参会时，上述问题依然存在，到 1995 年日本大阪会议时仍没有解决。作为中国代表，我们有义务按照实际情况总结并提出建议。当时我跟国际司、安全部系统的同志一起研究，提出了一个 "APEC 方式"。APEC 要承认成员间发展水平不同，承认差异化、多元化（Great Diversities）的事实，承认 APEC 是一个成员间有巨大差异的团体。因此，APEC 的合作需采取各成员自主、自愿原则和平等协商原则。1996 年我们到印度尼西亚参会，印尼的一位副部长听到我们的提议，认为这个建议很好。中国与印尼共同努力推进该提议，我们也某种程度上帮助了举办 APEC 会议的东道主。当时美国在 APEC 有很大影响，对印尼施压，要求其放弃该建议，于是当年 5 月印尼表示不同意该提议。我提出："上次会晤，印尼与中国决定一起推动该建议，为什么突然转变了态度？"印尼代表表示："美国的压力太大，我们没办法。"我说："美国的压力大了你们就妥协？"他说希望能谅解。当时，中国国家领导人在会前跟印尼领导人写过三封信强调"APEC方式"的重要性。"APEC方式"解释了什么是"大家庭精神"（What's the Spirit of Big Family）？对于"大家庭"总要有个明确定义。同年11月份APEC会议召开，在发表的领导人宣言中，是否有"APEC方式"和怎样表达成为关键问题，结果草案中没有一句提及"APEC方式"。这时候我们面临一个困境，当时中国领导人、外长在处理其他重要问题，我们没有得到领导指示下一步该怎么办？这是责任感的问题，我们感到有种责任在身，国际司的几个处长都支持我，如果宣言中没提及"APEC方式"，会后江泽民主席问我们，我们该如何面对？这一年的工作都付之东流了？属于我们权限的事就一定要表态，力争要把"APEC方式"写进领导人宣言。当时我们就写了一句话：按照"APEC方式"，亚太"大家庭精神"的诠释来自本地区乃至全世界是至关重要的。第二天早上，大会头一天，我见到印度尼西亚外交部副部长，我就跟他讲，中国国家主席给你们总统写过三封信，谈到"APEC方式"的问题，你们遇到美国压力，在宣言中就一个字不提"APEC方式"，从道理上讲能说得过去吗？他说："问题在于美国不同意。"我马上提出现在的宣言草案中有很多地方中国也不同意或者不完全同意，但为了顾全大局勉强同意了。如果宣言中对"APEC方式"只字不提，那中国要"think otherwise"。外交上，当提出"think otherwise"，他就会明白根据APEC协商一致的原则，如果中国反对，宣言就不能发表。这位副部长说："王大使那怎么办呢？明天晚上8点钟，我跟总统讨论这件事，争取把它写进宣言。"我说："这样的答复坚决不行，一定要写进去，不写进去这个宣言怎么能够发表？"第二天早晨，我们一早就到了会场，想知道宣言草案有没有增加"APEC方式"，思考着如果没增加该怎么办。这时作为东盟成员的文莱已经拿到宣言草案了，其代表告诉我们：草案已经修改，已经把"APEC方式"写进去了。宣言提出按照"APEC方式"来运作"大家庭精神"，这对本地区和全世界都是至关重要和积极的。为什么讲这件事情？我想说不能因为怕担责任，因为自己的个人利益回避国家的事情。当时我们取得了胜利，非常高兴，虽然没受到上级表扬，但感觉无愧于心！同学们今后走上工作岗位，会遇到各种各样的问题，牵扯到个人利益、个人地位和个人评价，怎么把自己放在一个适当的位置呢？我上面讲的例子就是再次回答了这个问题。

二

要有创新精神

　　做大使需要创新。现在都讲创新，但大使的外交授权有限时该怎么创新？我曾经在浙江大学学中国文学，有点浪漫思想，但我能顾全大局。就创新来说，我想举几个例子说明一下。

　　大家都知道，尼日利亚的足球水平很高。在我做尼日利亚大使的时候，北京举行了一场青少年足球赛，尼日利亚跟另外一个国家争夺冠军。如果尼日利亚得了冠军，我们发个贺电也就完成了基本职责。但我想足球在尼日利亚风靡全国，现在进入了决赛，即使得了亚军也值得祝贺，得了冠军就更值得祝贺。所以，我让下属准备两份贺电，一份是祝贺获得亚军的，一份是祝贺获得冠军的。我要他们盯住明天的比赛，一宣布结果，不论是冠军还是亚军，立即把其中一份电报发送。当时同志们提出有必要费这样的心思吗？我说这不仅仅是什么费心思，而是争取两国友好的一个重要步骤，开创外交工作新局面不是说说而已的。这事情其他国家的大使不会做，认为没必要下功夫，我们做这事情就是要把两国关系搞得更好、更活跃。第二天，尼日利亚得了冠军，我们立即发出电报祝贺，当天晚上，尼日利亚所有的广播内容都有中国大使的贺电，尼日利亚总统还没来得及祝贺，我们就先祝贺了。次日，绝大多数报纸刊登了中国的贺电，影响非常大。尼日利亚足球队回国后，我到机场迎接，还送他们每人一个磁盘作为纪念。去机场的路上，沿途的百姓举着"尼日利亚、中国"和"中国、尼日利亚"这样的标语表示庆贺。当天晚上，尼日利亚举行庆祝会，我是唯一被邀请的外国大使。以我当大使的经历来看，面对这种工作，做还是不做听凭自己选择，但是我感到作为大使要想创新，要想开创中国外交工作新局面，就要抓住这种机会。这是一个例子。

　　第二个例子，做大使要关心当地存在的困难和问题，关注当地需要什么。在援助问题上，要关心援助什么，怎样援助？援助的点是"to the point"还是"not to the point"是核心问题。在尼日利亚，不止我有亲身体会，我们整个大使馆包括我的爱人都有同样的体会。因为疟疾，"打一次摆子"对身体的伤害是很大的。大使馆除我之外几乎每人都"打过摆子"，我夫人在那里呆了三年就打了三次，很少有人能幸免。人感染恶性疟疾48小时就可能死亡，每年有几十万人受疟疾折磨，整个非洲因疟疾而死的人非常多。当时我知道国内有青蒿素，刚发明不久，是治疗疟疾的特效药。怎么才能把青蒿素弄到尼日利亚？如果没有考察工作，当地是不接受这种援助的，但是考察需要专家、需要钱，这样一系列的问题就出现了。外交工作就要考验交朋友的本事，那时我跟联合国儿童基金会的代表关系搞得很好，我对他说："这个地方'打摆子'，死的人也多，我们国内专家组有青蒿素能治疗这种病，但得有人邀请、有人出钱专家组才能来。"他说："真有好的治疗效果的话，我负责筹钱。"后来大使馆专门从云南、江西请来三位专家，所有费用都是联合国提供。我跟这位联合国代表的关系越来越密切，关系都是通过做工作搞好的。这位代表离任时说："我在尼日利亚呆了这么多年，晚上来敲门的只有王大使。他什么也不顾，就敲我的门。"我们让国内来的三位专家、使馆水平最高的一位翻译、一位外交官与尼日利亚卫生部专家一起工作，分为两个工作组，进行了60天的试验。一组用西方的药物，一组用我们的青蒿素，经过两个月试验对比，中国的青蒿素在任何方面都好于西方药物。实验报告对青蒿素进入非洲有非常大的推动，所以那时我跟专家组说："这个问题成功了，你们百年以后肯定会上天堂。"这话是有点文学味道的，就是积德了，做了好事了。现在青蒿素的使用在非洲已经很普遍了。后来我从哥伦比亚回国，中国医药协会副会长跟我讲："王大使，我们在尼日利亚一起推动的这个试验很成功。"青蒿素几乎家喻户晓，救了无数人的命，现在大家都知道屠呦呦，而青蒿素推广到非洲，我们大使馆是立了大功的，使馆好几位翻译和来自云南、江西的专家都做了很多工作。

最后我讲一讲国际形势。对于特朗普上台后国内某些媒体、专家的评论，总体来讲我是不认可的。特朗普说他基本跟着美国建制派的思路在走，媒体反对他，他也反对媒体。媒体报道的都是负面的，讲特朗普团队内部不堪一击，外部四面楚歌，批评他随口说话。现在讲的东西都是美国媒体曝出来的负面信息。"通俄门"到底是什么性质，如果"通俄门"成立的话，这种现象在全球还有很多，美国就经常干预他国大选。对于一个国家大选，友好国家特别是大国肯定会关注。类似的事情美国做得最多。特朗普的确有很多败笔，《巴黎协定》的退出、伊朗问题的处理等都有严重错误，但这只"黑天鹅"到底向什么地方飞，还未形成定论，不要过早下结论。

不能仅仅从负面看待特朗普，要两面看，辩证地看，实事求地看。曾有哪位总统在中国新年的时候，派女儿和外孙女去中国大使馆拜年？习近平主席去美国的时候，特朗普的外孙女在习主席面前唱《茉莉花》，过去没有这种交往。尽管他现在讲话不够严谨，但讲到中国的时候还是比较谨慎的。他毕竟曾讲过"我爱中国，中国伟大"这种话。对于建制派的观点，要认真分析，包括"通俄门""大嘴巴"等说法。其实特朗普是有智慧的，美国历来对中国"两面下注"，有时候正面的多一点，有时候负面的多一点。奥巴马时期就曾对中国"两面下注"，特朗普也是"两面下注"的策略，但跟奥巴马有点不同，就是特朗普是置换性比较多，交易性比较大，是高价跟中国做交易。我觉得中美关系改善对中国来讲是非常有必要的，中美关系稳住了、改进了，很多其他问题都会迎刃而解，起码是比较好解决。所以有些学者集中表态说特朗普能力不够，这是不对的，就像我前面说过的这只"黑天鹅"到底飞向何处，还需要拭目以待。

谢谢大家！

第十讲

全球格局的变化趋势

— 王逸舟 —

谢谢贾院长的好意，来到北京语言大学我很高兴。20多年前，我记得当时李铁城老师在这边组织有关联合国研究项目的时候，我就来开会学习，到现在看到一批批的青年学者成长，包括你们的贾烈英院长，还有我们北大的博士后张善鹏博士都来到北语成为栋梁之才。我更期待今天在座的同学们中将会有更多的贾院长、张博士。

一

引言：如何看待当今世界

今天讲这么一个题目，就是我们怎么看待当代全球格局的演化，我们如何走过过去、走向未来。这里我要特别提示一下，我们看待世界通常有两种视角。我经常看一些媒体新闻，我是不太满意的，他们更多是一种悲观主义的视角。悲观主义视角假设这个世界都是险恶的，国际关系基本充满了阴谋，很多时候人性恶的本性暴露无遗，这样看的话国家与国家之间的关系就是一种竞争，是零和博弈。因此，小国就要挨打，弱国就要受欺负，大国通常是靠权力来获得比小国多得多的利益。我认为这种视角虽有它

的道理，也许能反映出一部分真实情况，但是就像我们看到半瓶水一样，你只看到空的一面，看到虚的一面，却忽视了或更少关注其中实的那一面。还有一个视角，就是今天我要介绍的，也是我看待国际关系的一种视角，同时我也希望我们的同学逐渐形成一种进步论的看待国际关系的视角。我认为，我们不能把历史看做是一种简单的循环，看成是几千年来不断重复，而应该是持一种进化的观点，就像动物界、植物界一样，是一个从简单到复杂、由低级到高级、由粗鄙到文明的进化过程，人类社会、国际关系、外交也是这样。我们看国际关系不仅要看到它的阴暗面，看到战争、难民、动乱和纷争，通过学习、老师点拨，我们还要逐渐学会去发现大量真善美的东西，发现那些值得去推动、呵护，那些哪怕是萌芽状态的东西。所以，今天我想更多谈一谈国际关系中什么是值得进一步推动的东西，因为我知道咱们北语的同学是具有跨文化特点的，不同的国别、不同的语言、不同的文明和不同的价值观之间是有包容性的，从这一点上来讲，我特别希望北语同学能够赞同我这样一个建议，就是从历史进步论的视角来看待国际关系和全球国际关系的演化，而不是把国际关系看成一种简单的零和博弈，看成是"恶"的较量。我讲的这些看上去是一个简单的导论、简短的几句话，其实却是我几十年来一直思考的问题，这个问题还一直引导着我去做研究，去寻找一些视角，去推进一些课题。

20 世纪若干遗产的盘点

刚刚过去的 21 世纪，距现在已经快 20 年了，其实我觉得不是太久。对于我们今天的年轻人来说，从过去可以学到许许多多重大的启示，这里我们把20世纪的遗产简单盘点一下，由于时间关系，我扼要地、粗线条地做一些勾勒。

（一）两次世界大战

20世纪发生了两场世界大战，是人类历史空前的大规模战争，卷入的国家数量之多、伤亡人数之巨都是惊人的。但是，从积极的一面来看，我觉得它所带来的一个很重要的结果是大国之间很难再大规模发生对抗，传统大国间的对抗越来越罕见，并逐渐退出历史舞台，这是今天我们研究国际关系一个很重要的前提。所以，今天大国关系更多地是和而不同、斗而不破，包括中美之间、美欧之间、美俄之间、中日之间等，也包括中等强国之间，如巴西与阿根廷、印度与巴基斯坦、土耳其与其周边国家等，彼此之间既有对抗博弈，同时又有千丝万缕的相互依存与合作。我觉得这种认识很重要，现在世界是一个复杂的、多样的、变动的世界，并不是绝对的黑与白、生与死、非此即彼的逻辑关系。两次世界大战给人们或者说政治家们的一个最大启示，就是交战的成本太高，全面对抗得不偿失。所以，认真研究了20世纪的两场世界大战之后，我们明白，今天再想发动全面对抗、世界规模的大战是几乎不可能的。我不敢说绝对不会发生，但我估计在同学们所能预见到的未来，或我们的有生之年，像20世纪两场世界大战那种规模的全面对抗是很难看到的。当然这并不是说大国之间没有了矛盾，没有了对抗，只不过是大国将会采取更平和的、更新的形式彼此博弈。

（二）核武器的出现

核武器的出现，我觉得也是20世纪的一项重要的遗产，也是独一无二的21世纪现象。用爱因斯坦的一句话说，核武器是一个人类自我毁灭的科技发明，人类可能通过核武器把自己毁灭掉，甚至把整个星球毁灭。我们知道，美国和苏联两个超级大国在20世纪70年代末80年代初期曾经拥有最大当量的核武器，其中一枚就相当于投放到广岛那个

"小胖子"的几千倍，而且美苏双方各自拥有1万多枚。这种情况下战争一旦打起来，可以想象的是，它们不仅把会把对方摧毁几百次，甚至会把整个人类、整个星球摧毁几十次。这种听起来确实让人不寒而栗的武器，却也带来一个实际的积极后果，那就是大国间很难再开战，这与进行核战争的代价有密切关系。根据某种预测，今天全世界有40多个国家已经或者即将拥有开发核武器的能力，但真正使用核武器的，把核武器当成实战工具来运用的基本没有。拥有核武器更多是威慑而不是开战。核武器出现以后，国际社会产生了一种很特殊的和平逻辑，以往冷兵器对抗的逻辑发生了根本的改变，大国之间采取了一种新的对抗方式。因为大家都知道，使用核武器不仅摧毁了对方，而且大规模的毁灭也很有可能伤及使用者自身，也就是相当于自杀，并且很多其他国家也因此会被绑架，所以核武器的使用变得非常不容易。这直接导致了战争形态的变化，引起了各国军队作战方式的变化，出现了很多我们原来不熟悉的战略设计、战斗方式。今天，包括中国军队在内的很多大国军队，他们一方面发展传统的陆军、海军、空军，另一方面也出现了越来越多用于"外科手术"打击的特战部队，主要用来打击海盗、国际维和、海外撤侨等，主要功能是实施特殊的非战争军事行动。这种在整个军事发展史中出现的现象，跟核武器的出现是有紧密联系的。所以在这里我更想强调的是，20世纪核武器的出现，对未来人类的发展、国际格局的变迁等都起了相当大的作用。一方面，它是恶的、是坏的；但另一方面，它在无形之中使大国之间开战变得成本高昂，任何决策者在使用核武器之前都不得不三思而后行。所以，世界各国，尤其是拥有核武的大国，通常都有很严谨的核理论、核战略和核政策，有一系列严格的防止意外发生核战争的预案，这也是今天的战争形态跟以往的重大区别。

（三）联合国的诞生

20世纪还有一个重大事件同样对我们今天产生了重大的影响，那就是以联合国为代表的一大批国际组织的诞生。我们过去学国际关系的时候，比如我刚刚学国际关系的时候，老师就经常讲，包括教材中也经常这么写，国际关系是一种不同于国内的政治形态，两者之间最大的不同就是国内社会有政府、有法律，令行禁止，而国际社会是无政府的，没有统一的法律，所以可以奉行所谓的"丛林法则"，大吃小，强凌弱，大国可以为所欲为，小国活该倒霉。但是今天我们看到，联合国诞生以后的70多年间，国际关系发生了非常深刻的变化，生成了越来越多的国际制度、国际规范和国际组织，几乎包括所有领域的所有方面，不论是政治、安全、经济、贸易、环保、生态、极地、太空以及海底，还是我们的日常生活等，都有各式各样的国际规则。今天，当同学有越来越多的机会到外国去工作、学习或者旅游的时候，你会发现几乎生活中的每个角落，都有各种各样的国际规范，即今天的国际关系已经发生了很深刻的变化，而且从联合国出现以后，变化的趋势变得更强烈了。虽然国际社会没有统一的政府，但是它有一张大网，那就是国际规范大网、国际组织大网、国际制度大网，这个大网把我们这个星球和人类生活的各个方面，把国家与国家之间的各种关系，如外交、贸易、旅游、教育和安全等各个方面联系起来。所以，今天的国际社会虽然是无政府的，但是有规则的；虽然没有统一的法律，但确实有以《联合国宪章》，以联合国十几个大的国际系统、国际制度（如维和系统，难民系统，教科文系统，以世界银行、国际货币基金组织为代表的国际货币金融系统等等）构成的庞大法规系统，把整个世界规约并朝着维护全人类共同福祉的方向推动，这与传统的无政府状态下的"丛林法则"在理论上是截然不同的。以这种理论假定为逻辑起点，将产生不同的国际关系理论。对学习语言、文化和跨文化交流等专业的同学们而言，理解这种新的国际格局，改变以往"丛林法则"的国际关系思维是非常重要的。

（四）两极格局兴衰

20世纪我们也看到了两极世界格局的兴衰。所谓的"两极"是指西方一极和东方一极，也有人说是社会主义一极与资本主义一极，或者说得更简单些，是以美国为首的一个军事阵营和以苏联为首的另外一个军事阵营。不管两极的内容是什么，这种状态从20世纪40年代后期一直到80年代后期才逐渐结束。在将近半个世纪的漫长时期内，两极格局在结构上对国际关系中的诸多领域和事件产生了巨大影响，不仅使我们的安全、经济和文化等被绑架和束缚，就连我们的观念都变得格式化了。20世纪的最后十几年，两极格局瓦解了，我们看到了柏林墙的坍塌、东欧的剧变和苏联的解体。在座的很多同学都是在此之后出生的，你们生活在一个新的多极化时代，一个全球化不断加速的时代，这个时代与我们以往所熟悉的世界是很不同的。现在我们很多的媒体和宣传话语、意识形态以及很多理念都与这个新的时代不太合拍，还有我们现在使用的很多教材、学术和政治话语等，我觉得还有比较严重的冷战思维，以及这种思维下的对抗性的心态。世界正在进入一个新时代，一个新多极化的、经济全球化的时代；一个各种文明、各种经济体制、各种政治体制、各个地理区域更加相互依存的时代。对于这个时代，我们理论的认知、政治家的把握以及很多外交官的理解与行动，都远远落后于这个时代进程的推进速度，形势往往先于人的认识。我感觉到我们的理论、教材，包括我作为老师讲的课都落后于这种变化。我们学院的王缉思老师也是我的老师，他说我们如何认识一个真实的世界而不是被世界的一些表现所迷惑，这一点很重要。在座的很多同学、很多老师，包括我自己在内，听到和看到的世界还并不是一个完整的、真实的世界，其中，很多源于冷战的那种思维认知仍在影响着我们，我们在很大程度上仍遵循着那种冷战的行动逻辑。所以，怎样能够适应新的变化，了解一个真实的世界，了解一个复杂的、多元的、多维的、扑朔迷离的、充满变数和新意的时代，是你们新一代年轻人应该思考和追求的，也是你们的使命。

（五）社会主义实践

说到社会主义实践，我们要特别讲一讲中国。20世纪，社会主义从前两个世纪前的思潮变成一种运动,接着变成一种制度。20世纪是社会主义制度在全球范围大规模实践的一个世纪,从出现第一个苏维埃政权的苏联,到二战结束以后出现的包括中国在内的十几个社会主义国家,一直到70年代后期80年代初期,这是社会主义实践的鼎盛时期,声称共产党领导的国家有四五十个。但是我们也看到,进入20世纪90年代后,社会主义制度进入了一个低谷,后来又出现了分化,有像中国、越南这种改革型的坚持共产党领导的国家,也有放弃了共产党领导和社会主义制度的东欧诸多国家,还有像朝鲜这样被称之为"活化石"的社会主义国家。其实,社会主义比我们平时所宣传的要复杂得多、分化得多。在欧洲,第二国际以后的社会主义实践,一条是苏联走的这条路,坚持共产党领导而后变成一种高度集权的制度;另外一条路,就是欧洲工党、社会民主党走的一种社会民主主义道路。这两种路径各有优劣,各有成败,也各有重大经验和教训。但我总觉得中国的学界,包括我们的很多媒体,实际上对什么是社会主义、如何推进社会主义并没有很好地理解。过去的3个多世纪中,社会主义从思潮到运动又到制度的实践,确实给世界留下了特别丰富的想象和积极的遗产,却也有很多值得去认真吸取的教训。有一次我给党的高级干部讲课,我说现在我们很多时候口头上讲共产党,讲社会主义,讲马克思主义,往往对其"只言片语"要么简单化理解,要么教条化利用。在这里我特别提醒同学们,要学会用一种审慎的、客观的、分析的眼光,看待什么是社会主义、什么是马克思主义这个问题,这点特别重要。

(六)全球化的进程

20世纪我们经历的一个很重大的现象就是全球化。全球化进程既有高歌猛进的时期,也有停滞不前的或逆全球化的时期。当前以美欧为代表的西方发达国家的逆全球化行为以及由此引起的逆全球化思潮,已经引起了国际学术界的反思。这是一个短的停滞?还是一个中长期的停滞?抑或是全面停止的开始?全球化都包含哪些要素?经济、贸易、技术的全球化，还是像很多分析者所说的不可避免地带来的文化、政治、观念的交融，即价值观的全球化？其实仅从经济、政治或文化价值等某一个方面去理解全球化，都是不全面的甚至是不合理的。全球化是我们每个人的全球化，所以理解全球化的发展、全球化的加速、全球化的停滞，其实也是对20世纪历史遗产的重要理解。我不希望把过去的历史看成一个已经进入历史博物馆的东西，事物的发展是一个过程，很多历史事件至今仍在发展变化中延续，所以怎么从20世纪遗产中汲取营养，对于我们走向未来是非常重要的。

三

社会世界崛起为全球新势力

我特别想强调的是，今天的世界越来越呈现出"三维"的特点，而且趋势越来越强劲。所谓的"三维世界"，一个是经济关系构成的世界，由大量的经济过程、大量的贸易协定、大量的跨国公司和大量的企业家活动安排等组成，这是三维世界最显著的一维，我们称之为"经济的世界"。第二维是"政治的世界"，包含了我们讲的政治决策、军事活动、外交谈判、社会组织等，政治过程包括在联合国的谈判、政府间国际组织所做的各种安排中，观察国际社会，我们会发现这个政治维度的进程非常强劲。当然，政治进程和经济进程并不完全一样，它的逻辑、规律和特点都是很特殊的。第三维，也是我说的第三点，就是"社会的世界"。我觉得在经济的世界中，中国很像一个弄潮儿，走得非常快，挺进的速度非常迅猛，并且获得的成绩举世公认；在政治世界中，中国很长时间比较滞后，话语权相对比较弱小，但是现在中国在发声，在争取全球舞台的中心角色，我们的政治家、领导人在国际政治舞台上经常提案发声，主场外交也越来越多，正在政治的世界中迎头赶上。我想重点说明的是，目前中国唯独在社会的世界中还是弱者，中国还有大量的短板，我们的制度、观念、安排等与世界水平相比相距甚远。有人可能会问，什么是你所说的社会世界呢？经济世界我们很容易说出来，就是一系列的经济制度、一系列的贸易协定、一系列的全球化进程等。全球五百强也好，跨国公司的行为也好，"双十一"的电商节也好，这些都可以看做是经济世界的，看得见摸得着，和我们的日常生活关系密切。政治世界虽然离普通人稍微远一些，但我们能够感觉到执政党的存在、政府的作用，能通过媒体看见各种各样的出访、会面、谈判等活动。相比之下，社会世界看上去比较玄、比较模糊，这恰恰也是我所说的，作为世界舞台上一个新起的势力，人们对它的理解还处在一个早期的、比较幼稚的阶段。社会世界看似碎片化，但是它对于构造国际关系、外交进程、国际话语权以及各种文化之间的互动等，有着非常重要的作用。社会世界好比一种润滑剂，一种润物无声的泉水，一种多种关系相互关联的纽带。这个概念太抽象，不太好懂，我讲几个故事来说明什么是社会世界，为什么我们中国要在这个世界奋起直追。我曾经听朋友讲一位外交官的经历和感触。这位外交官干了几十年外交工作，经常到世界各地谈判，见到的也都是同行，即各国的大使、特使等，他们都以国家代表的身份处理重大事务。但是他发现在参加会议的其他国家代表中出现了越来越多的陌生面孔，比如科学家代表、女权组织代言人，还比如为海岛生存权而奔走的跨国人士、运动员代表等，而我们中国的代表还是老面孔，主要是部委派出的。他感叹说，我们今天的谈判对手发生了太大的变化，很多新面孔令他目不暇接，难以适应。这个小故事就是我所说的社会世界，我们中国人尚没有把握住一个事实。马拉拉，大家都知道，她是巴基斯坦的一个小女孩儿，出生在一个贫困部落的农民家庭里，但是她就有一个很简单、很质朴、很了不起的愿望，就是"女童也应该受教育，也应该上学"。可是一些长老、一些守旧人士，包括塔利班等不希望女人接受教育走上工作岗位，威胁她说这是破坏传

第十讲　全球格局的变化趋势

统、破坏习俗，甚至威胁她若要这样做的话，她的家族要倒霉，就要被杀掉，但她毫不放弃，继续努力，直到别人用枪把她的头颅打碎。幸运的是她活了下来，后来在国际人士的帮助下重新恢复了健康。她不屈不挠为女童争取受教育的权利和机会的勇敢行为传遍了整个世界，联合国秘书长接见了她，英国女王接见了她，世界很多领导人赞扬她，她获得了诺贝尔和平奖。现在马拉拉成了一个代表，成了一个社会世界的代表。

地雷是传统战争中威力很大、很常用的武器，对战争中的国家而言，物美价廉。所以在战争期间，参战方曾大量部署地雷在边界、海港、道路甚至是稻田。但是，在今天的和平时代，战争早已结束，地雷却还在那里，既没有在战争中爆炸，也没有被拆除，所以生活在雷区附近的平民，尤其是妇女、儿童则成为最大的受害者。我在柬埔寨曾看到很多肢残的人，他们讲这和柬埔寨地雷特别多有关，这个国家人均平摊好几枚地雷，因为柬埔寨历史上长期与周边国家发生冲突。世界上还有很多地方，像非洲、中东等地区，很多人都因为地雷失去了生命或致残。从20世纪后期开始，包括英国戴安娜王妃、美国家庭妇女威廉姆斯以及很多社会慈善人士发起一个"呼吁运动"，向国际社会呼吁要消除地雷，这个进程获得了很大成效，在联合国被通过，也逐渐得到世界上大多数国家的承认和支持。现在全球还有不到十个国家依然使用着地雷，比方说现在处于对抗中的南北朝鲜，他们都会在边界上部署一些地雷，目的是防止对方的坦克、装甲车等重武器过来，这些地雷很多是反装甲、反坦克的。国际社会现在针对反人道的杀伤性地雷，主要是禁止生产、销售、贩卖和使用。我想说的是，禁止地雷不是政府首倡，而是来自民间社会的倡议，来自社会世界，来自像威廉姆斯、戴安娜等这样的平民。戴安娜是一个传统贵族、英国王室成员，但她更像幼儿园老师，她对世界上诸多平民具有质朴的爱和关心。戴安娜王妃戴的防雷罩在很多国家深入人心，她的这个举动也获得了国际社会的高度赞誉，像威廉姆斯等这样的家庭妇女也跟着戴安娜王妃来推动国际禁雷，她们在最后都获得了诺贝尔和平奖。今天，国际上已经形成了一个禁止使用地雷的国际禁忌和规范。这两个小故事说明了什么问题呢？社会世界并不总是很强大，有时候还没有成长起来，有时候被权力征服或禁止，但它始终顽强地存在着，它以自己的方式引导国家间关系、国家外交和整个国际关系格局缓慢地进化。纵览国际关系史，有大量史实可以佐证这一点。这些力量很多来自某些黑人的民权领袖、反战人士、环保组织，来自于那些积极倡导禁止地雷、修建大坝和禁止特殊武器的新社会运动等。他们的很多想法，虽然在政府看来是很幼稚、不合时宜或者低效的，然而事实上对我们今天的国际关系产生了非常重要的影响。

　　这里我想谈谈大家所熟知、我个人也很喜欢的一个人：姚明。首先，我觉得姚明不只是聪明的、伟大的篮球运动员，而且是非常懂得国际社会需求的社会学家。他在全世界做了很多的慈善，或许我们在国内并不怎么知道。他和贝克汉姆在非洲资助对一些濒临灭绝动物的保护，向全世界呼吁人们不要去捕杀、食用濒临灭绝的动植物等。我们在很多国家的机场都能看到他所代言的公益广告，我觉得这是一个很了不起的行为。姚明代表了中国形象，代表了中国人的爱心、热情与公益心，引领了国际社会保护动植物、爱护大自然。过去，我有一个痛点，就是人家从不把中国人看成志愿者，或认为中国没有青年人愿意做这种不赚钱的环保公益活动，他们大多认为，中国人就是为了赚钱而到处做贸易。他们知道，中国最有力量的是我们的国家主席、总理、部长、国有企业等，中国老百姓好像不发声，而只是在那儿拼命赚钱、做一些苦力。我觉得这种形象非常糟糕，但是坦率地说，同学们出去后就会发现这确实是一个比较定格的、在国际社会共识度比较高的中国形象。言外之意，就是他们都认为中国人是没有多少理想的，不会在社会世界去发声、作为，自认为也没有重大倡议权。中国只会在经济世界拼命赚钱、拼命施工、拼命挖矿、拼命采油等。这样的一种形象让一个有几千年文明历史的中国人觉得非常不舒服、非常惭愧。可喜的是，中国现在正在发生变化，像姚明这样的人正在出现，正努力在国际社会世界发声、作为。

今天的中国人，在经济世界被认为是强者、巨人，在政治世界正在学会玩牌，而在社会世界被认为是短板、存在的软肋。我坦率地说，现在我们很多官员、记者和老百姓普遍喜欢有钱的人、有权的人、有名的人，而在社会世界诸如社会规范、社会声音、社会代表等方面，我们确实做得不够。我喜欢中国的企业家马云，大家都知道马云是一个有钱人，我认为马云对这个社会世界就比较熟悉，他也很会运用他的知识去带动、推动这个世界的成长。同学们可能不知道，马云是20多个国家的外交顾问，很多外国领导人在来中国之前、同我们的主席总理部长会面之前，会先到杭州阿里巴巴总部同马云见面。为什么呢？他们想听听这个企业家、这个国家的年轻人代表的社会声音是什么，中国的青年人需要什么，中国的这些民营企业家跟我们的央企、我们的政府又有什么样的不同？从他身上，他们不仅能看到中国企业的多样性，也能了解中国社会和文化的多样性。很多国家聘任马云为国家顾问，是因为人家想通过他把青年人交流的桥梁建立起来，把各种各样的文化纽带通过电商的模式，通过购物文化节的方式，通过音乐的方式、艺术的方式等建立起来。在这方面，马云做了很多、很大的推动，我觉得他是符合我所说的社会世界一分子和社会世界积极参与者的定义的。我想表达的是，中国政府的很多想法是很有道理的，能整体反映出这个国家民族的需求，但是，我们容易忽略一些个性化的、分层化的、不同类型的东西，比方说多民族的、多元的、多年龄的等微妙复杂的表达，而社会世界恰恰能够拾遗补缺，能把政府有时候不容易想到的和不容易做到的更好地折射出来。社会世界的一些理想看上去很遥远，非常不容易实现，但正是这种存在，促进政府去改进。我觉得一个国家的成熟程度，一个政府的现代化水平在很大程度上取决于它对社会世界的态度，它对这些非政府组织的政策，它对来自民间的声音、个体的企业家和姚明这类人善待的程度，可能因为同学们的经历有限，我说的这些话你们还不能理解。

最近，我的一个好朋友、国防大学的教授搞了个讨论会，新一代将军们提出一个新的观点。他们认为，当前世界一个大国的实力并不取决于跟美国、俄罗斯、印度等国博弈拳头的大小，而在于如何看待小国、能不能够善待小国、如何恰当处理跟小国的关系等方面。作为中国这样一个大国的将军们，能提出这样的看法我觉得很了不起，其实我也认为中国对小国的看法、对社会世界的理解，将会反映中国的大国风范，反映出我们正向一个比较文明的大国转变。也许同学们一下子难以理解，相信慢慢会理解的。我希望大家在北京语言大学这个环境中，能够接受这样一种看法，我们所看到的世界，包括我们所处的中国，是一个多元的充满想象力的小人物、青年人、弱势群体占绝对多数的空间，那些不受待见的边缘族群，他们应该获得更多的尊重，我们应该更多地去同情理解他们，这是社会世界的逻辑。它跟经济的逻辑追求利润、追求市场、追求份额、追求 GDP 的增长不同，跟政治逻辑也不同，政治逻辑往往靠传统、靠力量、靠航母、靠杀手锏取胜，而社会世界更多地要靠你的风范、你的宽容度、你的心胸、你对这个世界的恻隐之心、你对人民各种细微之处的感悟等。中国在世界社会被认为是一个经济的强者，一个政治的迎头赶上者，而在社会世界是一个边缘化的角色，这一点也许说得比较重，但是我希望通过这种方式来提醒我们同学。如果是这样的国家，我们怎去改进；如果不是，那么我们就可以很自豪地说我们中国在社会世界同样是强者，同样具有引领人类社会的风范。我认为，当我们的同学对亚马孙流域的某些濒临灭绝的动植物关心的时候，对极地的温度、极地的冰山融化担忧的时候，对中东的难民、因灾难而逃荒的人能表达我们自己的同情并伸出援助之手的时候，我觉得中国就会真正成为一个伟大的国家。现在，中国伟大、中国强，是因为有钱，中国"一带一路"项目多，中国的军费开支高，中国的高铁呼啸而过等等，这些东西是必要的，但仅有这些还远远不够。真正伟大的国家，不仅要有这些东西，还要有对社会世界深刻的理解、深刻的洞察、深刻的把握和创造性的贡献。这是我今天讲的世界未来的发展趋势。

中国现在处在一个大并不一定强的阶段，很多方面固然很大，钱很多，规模很大，体量很大，GDP 很大，军费很大，但是强却尚需时日。我去过一些小国，反而看到一种很了不起的强。比如瑞典、以色列和北欧小国等，这些几百万人口的国家有很多值得我们学习的地方。我顺便说一句，同学们现在所处的时代跟我们那个年代不同，我 20 世纪 70 年后期上大学的时候，是邓小平时代，当时整个国家都在反思，让我们承认自己的落后，承认我们是现代化进程的一个落伍者，所以我们要学习、要开放、要搞四个现代化，向全世界去看齐，全民的心态是奔着向别人学习去的。而现在，各个方面如媒体、会议、教材上充斥的话语，无不让人感觉我们自己已经很强很大了，我们领先了，我们现在就是世界的中心了，甚至说我们已经可以输出经验了。这种心态使我们继续学习国外、学习这个世界变得不太容易了。今天的年轻人，你们可以问自己一个问题，我们今天学什么？我们向世界学什么？有些人出国以后就说这个世界太糟了，国外地铁比我们的旧多了，高铁比我们的慢多了，外国政府的钱比我们区政府、县政府的钱少多了，连个水都喝不起，一瓶水都要计较，我们请他们吃饭，那至少 10 个菜 8 个菜的。我们学什么？我觉得今天的中国人，大而言之，不太谦虚。我想，这固然有真实的一面的，有让我们自豪的地方，但是这种心态也让我们有点不安。我们古人曾经说过一句很重要的话：生于忧患，死于安乐。我觉得今天的年轻人安乐之心太重，忧患之心不足。我们那个时代的大学生，在承认自己落后的前提下认真学习，对外部世界的知识如饥似渴。恰恰是因为承认落后，才能如饥似渴，才能激发忧患之心和上进之心，才能让中国走出一条高速发展、开放学习的正确道路。现在若都觉得我们很了不起，到国外没什么好学的，那也可能是中华民族学习能力下降、吸收他国先进经验不足的时候，这是我严肃思考、研究的问题，希望同学们也能认真思考我们要怎么做。

四

大国角逐更多在"高边疆"展开

社会世界作为大国之间竞争的一个关键领域,很多时候被我们忽视,其原因一方面是我们不易察觉,另一方面则是很多概念我们不明白或不熟悉。"高边疆"又是一个这样的概念,一个这样的新兴竞争领域。主权边疆的概念我们应该是很清楚的,比如我们的领土、领海、领空,这是主权边疆。与之不同,高边疆并不是主权边疆,但它反映出一个国家、一个民族国力所能向传统边疆之外扩展的程度,比如说海洋、极地、空天和网络等,它超越了传统主权疆界。大国在高边疆领域的角逐越来越多地体现在高边疆领域的知识及在高边疆活动的规则制定上,而且从当前来看,大国在高边疆的角逐越来越明显、激烈。以中美竞争为例,我们可能都认为现在中国在各个方面反超美国,我们的高铁比美国的多、比美国的快,我们的政府比美国政府有钱,我们经济增长的拉动能力比美国强。特朗普上台后,在世界上到处打隔断,进行全球性战略收缩;而中国则逆流而上,积极参与国际治理、坚定推动经济全球化、保护国际环境、增加对联合国的会费资助、增派维和部队、推出"一带一路"倡议等,乍看起来中国的势头好过美国。难道我们真的比美国强吗?冷静思考,我们会发现和美国相比,中国在一些重要的、关键的领域还处于较为明显的劣势,主要是体现在"高边疆"领域。我们比美国弱在哪儿?哪些地方还需要继续学习?我认为,首先就是美国人对社会世界的理解比我们要丰富、深刻得多;其次就是在高边疆领域,我们之间的差距还非常明显。我们现在生产着世界上绝大多数的生活、生产用品,我们用的话筒、电脑、手表、手机、摄像机等等,都是

"中国制造"，但还不是"中国创造"。我们的大部分物品在国际生产链中还处在中低端，是劳动密集型的产品，而不是或很少是技术密集型的产品。虽然在一些领域，中国创造正在占领国际市场，成为中国科学技术的新代言，比如中国的高铁技术和网络、中国的核电以及网络领域一些新的发明等。但总体而言，越是在高精尖领域，中国所占的份额越少，这是一个值得我们警惕的现象。今天，我们在低边疆领域可能玩得转，比如全球70%的钓鱼竿、60%的鞋是中国生产的，但是最好的手表大多都不是在中国生产的，而是在瑞士、在日本生产的。世界上最好的10艘航母，9艘是在美国生产的，另外一艘也不在中国生产。还有世界高性能计算机的生产，也都有这样的特点，低端零部件大部分由我们生产，中高端、高端的生产则在国外。这种状况看起来难免让人有些悲观，但是这也这表明中国已经意识到并正在向一些高精尖领域迈进。

在迈向高边疆领域时，同样如此。我们虽然还远远没有达到国际一流水平，但中国、巴西、印度、南非等已经陆续加入原来由美国、德国、日本等一些西方发达国家主导的高边疆竞争领域。未来，高边疆领域的角逐才是大国竞争的主要场所，也是未来青年一代展示才华、成长进步的主要舞台。高边疆的特点是科技含量非常高，投入非常大，获益方式也与过去差别很大。而且到目前为止，高边疆领域的竞争规则不确定，存在大量的模糊性，因此需要大量的创新知识和意识，谁能在知识和技术领域及规则制定领域赢得先机，谁就能够获得相对多的收益。

外交是我今天讲的重点，也是我平常研究的主要方向。最近几年，我发现世界范围内，尤其是西方发达国家的外交队伍和工作人员正发生一种变化，开始由外语型、外交型人才向专业知识和技术领域过渡，比如现在欧盟很多外交官都是科研单位培养的，除了语言和外交知识外，还要学习高边疆知识。美国的极地外交就非常有特点，不但非常强势，而且非常有引导力。俄罗斯也很有特点，同学们不要以为俄罗斯经济不景气，军费不断收缩，但俄罗斯将极地看做是很重要的战略领域，优先投入，战略把握，所以在极地项目开发、军事设施建设等方面具有明显优势。中国是一个海洋食品消费的大国,但是中国周边水域已经没有多少鱼可以捕了,老百姓吃的越来越多的各种大虾、章鱼和螃蟹等海洋鱼类,大都是从极地远洋获得的。我到中国国家极地办开会后才了解到,我们中国的船队越走越远,走出了近海,走向远洋,走到了世界各个地方,其中南极就有 5 万多吨南极虾被我们打捞上来食用。其实,大国的利益触角无所不在,力量越大,延伸得就越远,相应地,也就越有相关的经验、信息去处理与其他国家或文化之间的关系,为国家间关系提供规则。中国是一个大国,也是一个正在成长的大国,利益也逐渐由近及远。因此,掌握高边疆领域的知识和技术,既是制定国家战略的需要,也是未来年轻人参与国际竞争的需要。

五

西方世界乏力却仍有优势,新兴国家机遇与挑战并存

关于全球格局的演化,我有一个自己的判断。很多人觉得西方世界已经没落了,已经是完全不行了,我觉得这个说法有点儿言过其实。我认为今天的西方世界确实是处在一个乏力的状态,但这种乏力又保持有相对的优势。这个乏力是真实的,回顾过去 30 多年我所做过的研究,从没看到西方如此之乏力。当然,这在很大程度上是从它们解决传统问题的能力来看的,而且它们最早是解决问题者,而如今却成了问题本身。西方的赤字变得越来越多,不光是经济赤字、政府赤字,外交上也存在大量赤字,军事盟友方面的赤字及全球公共产品提供方面的赤字也比过去要多了。然而,这并不能否认西方国家仍然存在的很多优势,我们特别需要注意的是,西方的这个优势依然很强大,尽管以基础设施建

设为代表的技术优势，在高铁修建、钢铁生产等方面陆续正被中国、印度、巴西等国迎头赶上，但是在软实力方面，如国际规则的制定、多边外交的开展、国际产品的提供等，我们与西方相比还存在很多劣势。

最近几年，我一直在研究国际公共产品问题，觉得中国在国际公共产品的供应方面是比较少的。公共产品并不是简单意义上的一个物品，之前关于公共产品的定义过于宽泛，比如联合国会费、在公海上的一座灯塔等。当有一颗小行星脱离轨道或者人们预期未来某一年将撞击地球并可能造成大规模毁坏，甚至导致整个人类死亡的时候，美国的NASA可能打一个核弹上去或一个特殊装置上去改变它的轨道，从而挽救地球。全球190多个国家有几个能做到这一点？这就是一个国家为世界提供的这样的公共产品。早期人们发明消除疟疾及天花病药品的时候，可能是一种商业利益行为，但它提供的是公共产品，今天全人类已不再受这些病魔折磨。今天我们中国能够提供的是大量的物品、商品，但不是公共产品；我们也提供很多外援，但大多数都不是公共产品，比如说我们援建巴基斯坦的高速公路、铁路、港口、工厂等，中国派遣了大量的技术人员，提供几百亿的贷款，但这是公共产品吗？不是。公共产品应当是无竞争使用的，就像是给联合国的会费，联合国可以在规定范围内使用，而不是说中国给你会费你就必须按照中国的意思去使用。大家想想公海上修的灯塔，所有途经这个海域的船只都能使用，即使是海盗也能用，不能要求有些国家能用，有些国家不能用。

国际公共产品是国际关系研究中的一个高级领域，现在中国从国家到学术界也都开始重视这个问题。中国现在能够向国际社会提供的国际公共产品相对比较少，在保证国家利益的情况下，我们现在只向特定的一些国家和区域提供无偿援助。当中国开始逐渐向国际社会提供公共产品的时候，中国就会从一个比较早期的大国变成一个真正精致的大国、有风范的大国，成为大而强的国家。我也希望你们这一代年轻人，包括在座的很多年轻朋友，将来会为此贡献力量。

目前，国际社会公共产品的种类很多，主要是由西方发达国家提供的，它们在这方面有着巨大的优势，比如英语、美元、国际制度等，这都是它们提供的。在语言的使用方面，汉语的使用人数虽然和英语不相上下，但是在覆盖程度、功能等方面却远远不如英语。国际上通行的各种文献资料、教材以及很多国家的大学生所学习和使用方面，汉语和英语就有很大不同，这就是区别。再谈到货币，尽管现在人民币在几十个国家已经可以和它们的本币兑换，而且成为一些国家和区域的国际货币，但是与美元、欧元等相比，其适用范围还是非常有限的。

规则也是一种公共产品。一旦你制定了公正有效的规则，不仅是你自己、你的盟友、你的邻国可以使用，世界上的其他国家也都可以使用。联合国教科文组织的规范、规则，全世界教育、科学、文化领域都要使用；联合国难民署的有关规范，全球难民救助都要使用；《日内瓦公约》有关战俘的规范，全世界的军队在战争中对待战俘时都要使用。想想看，我们在全球范围内提供了哪些规范？提供了多少规范？很遗憾，以中国的城市、中国人的名字或者中华文化的某些特性来命名的国际规范非常少。我现在能想到的如上海合作组织，上合组织是一个区域性的国际组织，但是它的效能、覆盖面与巴黎协定、京都议定书、奥斯陆进程等相比还有一些差距。所以说，我们今天在国际规范的提供方面还做得远远不够。

2017年11月6日，习近平主席特意给国际竹藤组织发去贺电，这个组织是20年前第一个在中国设立的国际组织，对中国而言有特殊意义。最近，我和同学们在研究一个问题，我们的首都正在建设城市副中心，把原来首都的一些功能转移出去。我到北京市有关部门讲课的时候也问他们一个问题：我们如何才可以把首都建设成为一个国际化大都市？大多数人的回答都认为是硬件方面，比如城市路网、水电煤气、大型建筑、商店等，这些方面其实中国很多大城市和中等城市做得都很不错。但是，如果你看看日内瓦、巴黎、纽约等国际大都市，你马上会感到差距。为什么这些城市会这么有名？因为这里出的国际公务员多，提供的国际协议多，以自己城市命名的国际规范多，提供的国际公共产品多。我给他们提的建议就是，未来我们的城市不仅要在硬件方面走在前列，还要有更多的国际组织人驻。我们在"软实力"方面与世界大国的差距要远远大于在"硬实力"方面的差距，这也是我们需要改进和加强的。

一次我到非洲参加一个中非智库对话。当时有几个非洲学者在会上非常尖锐地说，中国朋友来了，更多是做矿产的，是做基础设施的，但是有多少中国的教授、学者能够在非洲的大学任教？有多少人能够长期坚持下来，和当地人打成一片呢？我们在非洲的工程很多，基础设施很多，游客也很多，但是就我们的文化软实力、教育和当地融合程度而言，还有很大差距。在全世界，你会看到很多国家的人讨厌美国、批评美国，但是这些国家大学里的教授大都在美国的大学里受过教育、在美国参加过会议，他们对美国的很多东西尤其是教育认同度还是很高的。而他们觉得虽然中国有很多钱、卖很多货，但是中国的大学能够提供很多规则吗？能够引导全球教育的改革吗？能提供更先进的现代化产品或人才吗？他们就不太清楚了，也许有，也许没有。这也说明了中国目前在这个领域的世界差距。

像中国、印度、巴西、土耳其、南非、墨西哥等这些国家，看上去发展势头比较猛、成长比较快，尤其是在硬实力方面，军费、GDP、市场份额等方面每年都在增长，但是在某些重要方面，与传统西方发达国家相比还是有很大差距的。所以对今天中国的"长"和"短"，对中国在全球竞争中的优势和劣势，我们要有更加清醒的认识和把握。

（六）

结语：中国成为世界政治的重大动能之一

今天的中国正在成为全球高地上的一个新角色，中国人已经成为

21世纪最大的动能。就像我在《创造性介入》一书中谈到的，中国人能否创造性介入国际社会，是新世纪国际关系变革中最重大的变量之一。我自己经历了"三代中国"或者说"三个版本的中国"。早期，我小时候一直到"文革"，从下放到农村到上大学，这一段时间我们叫"毛泽东的中国"。"毛泽东的中国"是一个全球体系的对抗者，是一个不妥协的"造反派"，是一个革命斗士，这是一个"1.0的中国"。我们当时外交要推动"全球山河一片红"，我们与全球贸易、全球金融、全球化本身是"隔缘"的。"2.0的中国"是改革开放新时期的中国，从1978年到新世纪初期，它告别革命、拥抱发展，把经济建设放在中心位置，全力以赴地发展中国的市场、基础设施，提高人民的生活水平。同学们现在的生活很幸福，是因为我们通过"2.0的中国"创造了大量财富，解决了温饱问题，把中国的硬件设施水平大幅提升。在外交舞台上，这一时期的中国是全球经济的一个发动机，是新世界、新世纪的向往者和维护者。中国共产党也从原来意义上的革命党变为一个建设党。中国人从"邓小平时期"开始安心搞建设。《关于建国以来党的若干历史问题的决议》里说到，有中国特色的社会主义建设，即中国共产党作为长期执政党的建设，是从1978年开始的。在这之前，我们想的是要摧毁这个旧世界，要革命，"破"的一面远远要大于"立"的一面。而第二个时期的中国，开始有了活力。习近平总书记在党的十九大报告中也提到，中国经历了从站起来到富起来的过程。

过去我们解决了"挨打"和"挨饿"的问题，现在开始走进新时代。同学们，我们现在所处的时代其实是"3.0版的中国"。这个时期的中国将和以往有非常大的不同。"1.0版的中国"要"摧毁"这个世界，现在我们不再"另起炉灶"，不再谈"摧毁"。相反，我们要把这个世界建设得更好，要做负责任的大国。我们现在有一种"当家不折腾"的心态，我们是这个世界的建设者，在座的同学们也是这个"建设大军"中的一员。今天的中国和"邓小平时期"的中国有什么区别呢？看上去和"邓小平时期"有许多相似之处，但是我个人观察后认为，"3.0版的中国"有一个越来越大的特征，那就是中国正从一个国际舞台比较边缘的位置、一个人微言轻的角色，开始越来越多地走进世界舞台的中心，变成一个有越来越多底气、越来越多外汇、越来越多军费、越来越多基础设施、越来越多物产和资本并向全球供应的国家。中国从边缘走向中心，速度之快，让我们很多人感觉"猝不及防"，以至于我们的心态、我们的制度安排，包括我们的教材、作品等还远远没有适应这种转变。习近平主席对"3.0版的中国"也有一个概括，就是"中国如何强起来"。也就是说，中国如何从一个体量上的大国变成一个真正的全球强者，变成一个在全球规则、话语、公共产品方面的供应者、方向引导者，成为一个在世界上举足轻重的大国。按照建国100周年的第三个30年计算，同学们人生的黄金年代，恰恰是"3.0版的中国"。

我想说的是，未来的世界，中国的好或坏、中国的成长、中国人的风范，将不仅仅关系到中国，对整个世界、整个国际关系、整个人类的发展也会有前所未有的影响。如果我们中国做好了，这个世界将会因此大大受益，加快向前行。而如果中国做得不够或不好，这个世界因此受到的损害和冲击，可能会出现难以想象的后果。现在的中国，确实是新时期国际关系的一个主要动能、一个重大的变量。这个动能和变量之大，远远超出了我们的想象。我个人认为，中国"块头"之大、人口之多、发展速度之猛，确实带来了国际关系的某些"不适感"，带来了许多始料不及的变化，包括在周边、世界各地出现了一些问题，出现了一些不尽如人意的现象，这些都或多或少和我们的崛起、和中国这个"巨人"大踏步地前进有一定的关系。

未来的中国，我认为一方面我们在外交上可以"创造性介入"全球事务，发挥积极的想象力和领导力；另一方面就是"打铁还需自身硬"，我们要深刻理解中国自身存在的大量短板、软肋和缺失，保持谦虚谨慎的精神，保持开放学习的态度，我觉得这是特别重要的。

我希望年轻一代能有一个爱学习、知不足的态度，而不是抱有骄傲自满的情绪，要别人学习自己。否则中国可能会不幸地从一个成长向上的阶段往下走了,在这个"拐点"上,如果我们没有学习精神,没有自身改革的动力,看不到要完善自己的需求的话,我们的发展就会受阻。"兴"与"衰"都有一个周期,没有哪一个民族永远是长盛不衰的,也没有哪一个大国永远是"倒霉"的。现在的中国已经有三四十年是往上走的积淀和机遇,有一些议论认为中国的发展周期够长了,中国人够幸运了,中国还存不存在发展的"战略机遇期"?如果把握不好的话,有可能会失去这个机遇期。

如果过去看的是前一辈人的努力,那么未来的二三十年就要看在座的同学们了,未来中国是否强大也要看你们年轻人了。你们强,中国就会强;如果你们衰,中国也会衰;如果我们想学习、肯学习,中国就一定会往上走。

我希望大家在人类走过从前、走向未来的时候,要始终保持谦虚、学习和开放的态度和积极进取的精神。

谢谢大家!

第十一讲

新时代的国际关系研究与写作

— 陈志瑞 —

2017年12月4日上午，北京语言大学教二楼404教室，《外交评论》执行主编陈志瑞教授应邀主讲"新时代的国际关系研究与写作"。

讲座中，陈志瑞教授围绕"国际关系研究与写作"与同学们交流。他从个人的成长、求学及工作经历引入，漫谈了自己对于学术写作的感悟。他指出，目前国内国关领域的刊物达60多种，质量、水准参差不齐，他希望自己所主持的《外交评论》可以结合理论与实际，平衡理想和现实，融通学术和政策，追求研究写作的本真、善意和美感。陈教授主要从四个维度进行了讲解，为同学们授道解惑。

第一，紧跟时代。一国在特定时代所处的国际地位，与一国的国际关系研究主题息息相关。英国学派的研究概念是国际社会；美国学者探讨的核心问题是如何护持霸权；当前中国正在无限接近世界舞台中心，在国际社会拥有了更为积极的话语体系，作为中国的国关研究者，我们有了更强的驱动力来了解、把握和研究这个世界。要有大国胸襟和大国视野，保持谦虚的姿态，为构建国际关系中的中国学派而不断努力。中国国际关系研究的时代主题也从融入、互构到塑造演变，中国的外交政策也从韬光养晦调整为奋发有为。

第二，勤于思考。国际关系的现象和规律与我们的生活密不可分，要增进自学能力，学会在感兴趣的学术领域内甄别文献、不断反刍、打开想象。通过系统和理性的思考，构建自己的理论大厦。陈老师从对印度、日本到美国的观感，到衣食住行、影视作品、改变我们生活方式的支付宝、网购等鲜活例子，信手拈来，曲径通幽，引导同学们从感性到理性、从具象到抽象地进行深入思考。

第三，讲求方法。论文写作的出发点是发现"问题"，写作对象要面向公众和社会，理论联系实践，解决"问题"，进行高水准的学术对话，经得住时间的检验。陈老师在表达对科学研究喜爱的同时，也并没有放弃对历史、人文、哲学方法的追求。提醒大家不要陷入对定量的迷信。

第四，尝试写作。写作无处不在，首先要有认真的态度和问题意识，文本要符合常识；其次，要能够甄别、选取高质量、权威、核心的一手文献，不要迷信大数据；还有，行文有逻辑，言之有据；最后，文本需要遵循规范，学术讲究诚信，文字力求客观。

讲座互动环节，同学们踊跃提问，陈教授针对《外交评论》的选稿主题和文字的标准，就如何寻找问题、如何提高文章的逻辑、如何进行客观的研究等问题与同学们进行交流。

陈志瑞教授的讲座充满厚重的历史感和浓郁的人文情怀，视角敏锐独特，洋溢着细腻浪漫的学术气质，同学们深深陶醉在学术的享受之中。他追求完美、一丝不苟的精神给大家留下了深刻的印象。最后他希望北语学子，增强对写作的兴趣和自信，求实创新，在广阔的学术天地中追求真善美。

第十二讲

中国创造与文化自信

— 赵晏彪 —

第十二讲　中国创造与文化自信

我今天讲课的题目是："中国创造与文化自信"。这个题目是在20天前，贵校的刘利校长在与我见面谈话中碰撞出的火花。因为我2016年出版了一部长篇小说，名字叫《中国创造》，而且还有几天就是2018年了，2018年是非常重要的一年——中国改革开放40周年纪念。所以，刘校长给我出了这个题目，我认为这是一个非常好的题目，中国创造是中国人追求的目标，由制造工厂、血汗工厂变成科技强国，而要想引领世界新科技，就必须要有文化自信，没有文化自信，谈中国创造也是枉然，这是相辅相成的。

创造力源于创新思维，自信心源于文化素养。谈到创造与文化自信，貌似是两个主题，其实不然，这是一个命题。创新源于大脑，自信源于心脏。一个人要强大，一定要有一颗强大的心脏，有一个智慧的大脑，它们互为支撑，互为补充，协同工作。我今天能够坐在这里与大家交流，源于我在文学上的创新，策划活动中的创新思维，源于做事敢为天下先的魄力，特别是文化自信的力量。

我只简单列举2017年做的几件事。

第一件事，2017年是新诗百年，我们民族文学特别是蒙藏维哈朝5个少数民族文字版怎样表现在刊物上呢？我想打破民族文学的出版形式，出一期诗歌专号，100位诗人、100首诗歌，翻译成5个语种。这在文学刊物中不多见，在少数民族刊物中我们是唯一的出版者。这件事影响很大，特别是在少数民族读者中反响大，因为他们从来都没有想到民族文学会出版一期诗歌专号。第二件事，蒙藏维哈朝5个少数民族文字版，年年要在各地召开翻译研讨会。以往一成不变的是，哪个语种开会就在哪个自治区开。比如，维吾尔文版年年在新疆开，尽管新疆地域辽阔，但也是在他们熟悉的地区召开，我就想到了要差异化办班。把维吾尔族的作家、翻译家带到贵州苗族、毛南族聚集地开会。结果，有的新疆作者流下了眼泪，激动地说："赵主编，我从来没有来过贵州，不知道还有这么美丽的地方。"而贵州的作者从来也没有见过那么多的维吾尔族人，他们中有的人相貌跟外国人一样。然后我把朝鲜族作家、翻译家带到宁夏回族自治区，把蒙古族作家、翻译家带到重庆土家族自治县，这种差异化办班，让大家开阔了眼界，增长了见识。第三件事，我策划出版了一套"汉藏、汉朝、汉维、汉哈、汉蒙双语翻译经典读本"，所谓经典，是在全国范围内选择优秀作品进行翻译，汉语都是经典，翻译出来的自然也是经典！这个策划出版社开始不认同，认为这样双语的书不好卖，怕亏本，就像中英文对照一样。我说这是个创新，以前人们没有做过，中英与中藏不一样，这样的书有广大少数民族作者和读者，是会很好卖的。结果，两个月3000册卖掉了，又加印了3000册，在上半年，这套书获得了"2017年中华文学原创精品工程奖"，出版社笑了，书不但卖得好，还获得了奖励，就在前天，我又得到了消息，在评选2017年百部优秀图书的评选中，我们这套书又入选了。大家想想看，这是为什么？是创意好，文章好，翻译得更好。第四件事，2017年金鸡百花奖在内蒙古召开，大家知道我是中国少数民族电影工程领导小组成员，一直负责少数民族电影剧本征集。我策划了中国少数民族电影剧本创作征集活动，并将此活动的发奖会纳入金鸡百花奖的单元活动中，同时选出10部少数民族优秀电影在金鸡百花节上举办少数民族电影周。这个活动也是个创举，少数民族剧本颁奖和少数民族电影展从来没有走进过金鸡百花节。那些少数民族导演和演员第一次走在红地毯上，他们很满足。以上这些创新的思维和做法，其实来自我的自信心，来自平日的社会实践和思考。我采访过近百位企事业家，他们的成功案例使我明白了一个道理，做事要敢为天下先。领先半步是成功，步人后尘是无能。

而我能够与北语合作，建立基金，源于你们刘利校长的一个故事打动了我。在一次活动中，徐主任给我讲述了刘校长在北师大时做的一件事，他建立了启功教学基金，居然每一次拿出50万元奖励一位贫困教师。50万元对于城市里的人不算什么，但对于一个在贫困山区的教师来说，则可以改变他的命运。这事做得大气，是个创新的做法，许多人都在奖励贫困学生，那只是几千、上万元的奖励，但他却不这样做，一次性奖励50万元，让教育界一下子就轰动了。这非常符合北语"德行言语，敦睦天下"的校训。

中国改革开放始于1978年的春天。在那个不寻常的春天，在原本沉寂的中国大地上，一夜之间刮起了一股改革的春风，刹那间中国从南方到北方，万木吐绿，百花竞放。中国的老百姓们，脱掉了几十年不变千人穿的灰色衣服，穿上了花衬衣、喇叭筒的裤子、高跟鞋，大街小巷传来港台歌星的声音……自从那一年开始，中国可谓日新月异。

在座的同学和老师们大多出生于20世纪七八十年代，或许是90后，你们无法明白生活在冬天里的人们突然春风拂面的感受。我今天说的，你们或许无法想象，但这的确是事实。生活在那个年代的人们，没有书籍读，没有大学上，没有电视看，没有车开，也没有手机、网络、名牌服装。如果今天，一天不让你们用手机，不让你们上网，不让你们用电脑，不让你们用快递叫餐，你们或许可以忍受一天，一周呢？一个月呢？我在一所中学讲课时曾经提出这个问题，孩子们是童言无忌的，他们说如果没有游戏、没有网络、没有好吃的，那活着还有什么意义？！

你们是大学生、研究生、博士生、博士后，你们有学上，有书读，可在40年前的中国，在老百姓的字典里，大学是什么？没有概念，人们不知道上大学是什么？现在你们认为上大学如同家常便饭，但在40年前，就如同上月球一样难。

今天的你们毕业后，可以挑选央企、公务员进入党政机关，可以挑选外企、国企和私企，即使你哪个都不想去还可以自主创业。条条大道、小道都可以实现你的梦想。可对40年前的中国人来说，这些都是可望而不可及的事情。我们只有三条路可走，一是进工厂当工人，二是下乡当知青，三是当兵保家卫国。而农民子弟只有一条路，老老实实种地当农民。

现在大家想吃什么，广东菜、福建菜、日本料理，用手机一点，送到家里来了。40年前，我们吃饭要粮票呀，每人半斤，男孩子想吃饱，家长就要少吃，现在想吃花生满大街都有卖的，过去只有过春节时每家每户才可以用票买一斤花生吃。

还有许多事例，这不是简单的忆苦思甜，现在的人们不知道短短的40年前中国的模样，我要让大家知道，今天的一切都要感谢中国改革开放政策的实施，没有40年前的改革开放，就没有今天中国的富裕与富强，就不会有今天的衣食无忧，想吃什么、想穿什么、想玩什么、想做什么，都不是梦。

讲中国创造必须先讲中国改革开放40年走过的四个历程——贴牌子，仿造别人，制造产品，最后是创造产品。

其实，这与我们的人生是相似的。比如我们生下来，模仿大人说话和做动作，从简单的叫爸爸妈妈，到说一些简单的话，从简单的一个手势、一个动作，到会学习乐器，这是第一个过程。第二阶段，是老师教你朗诵课文，做数学题，你也是亦步亦趋地学习。第三个阶段，你会自己写作文了，自己弹琴了，自己画画了，最后是你独立生活了，创新地工作，有了自己独当一面的本领，干公司的有了自己的品牌，做工作的有了自己的工作方法。

我前天在上海采访一家外贸出口公司，他们的出口产品现在还在贴牌，因为这个外国的品牌有几百年的历史，他们已经为这家企业贴牌生产内衣20多年了，但他们不是简单地贴牌子了，已经认识到制造与创造的重要性，现在自己设计了一些样式，虽然品牌是人家的，但款式已经是他们的品牌了，标明是中国制造。

下面我想重点谈谈中国创造。中国创造就是版权持有者是中国，由中国创新、发明。而中国制造的产品版权不属于中国，中国只是简单地生产和加工，所提供的是简单的劳动力而不是知识智慧和脑力。我在前面说过了，刘校长知道我的长篇小说《中国创造》是描写中国改革开放40年企业从贴牌、仿造、制造到创造的全过程。那我为什么要写这样一部小说呢？工业题材的小说叫好不叫座，因为写这样题材的小说要有真本领：一是你要对工业企业了解；二是你对改革开放40年的历史了解；三是你要对中国的工业企业对国家的贡献、人民的造福有情感；四是要对文学事业有追求，不以书好卖为创作原则和方向；五是要为中国工业企业改革的历史留下一部真实的历史。基于这样的信念，我用了5年的时间写成了这部工业题材的长篇小说。为何用了5年？说来真的很辛苦。

一

长篇小说《中国创造》的创作与出版

创作这部小说的起因，上面说了几个原因，或许都是大道理，都是冠冕堂皇的说辞，但有一点是发自内心的，即我对化工行业有一份"不舍"的情怀。

2007年我从《中国化工报》社"文化周刊"调到中国作协的《民族文学》杂志社工作。我在化工这个领域工作了20余年，那种难舍难分的情感让我彻夜难眠。

我作为一名作家，对很多企业进行过跟踪采访，在完成报社的工作任务之余，为企业家写传记、为企业写发展史，见证了改革开放以来企业家的成长历程和企业的发展壮大，也与众多企业人结下了深厚的友谊。跨出化工行业，工作的业务内容、文学创作的方向都将发生重大改变。

人走了，心可以不走。或者说，人走了，仍要为故地留下点什么，我于是决定写一部长篇，反映改革开放以来企业家的心路历程，记录中国企业从小到大、从弱到强所走过的艰难道路。同时，我用一部作品为自己在化工行业的工作画一个句号。

北京的文学艺术界对我公认的评价是写散文、小小说、报告文学的作家。我所擅长的题材一是散文，二是小说，报告文学是工作需要，是必须写好的一种体裁。写一部长篇，对我的写作能力、写作水平、写作体力、写作时间都是巨大的考验。

无可否认，作为《民族文学》杂志的副主编，我有许多事务性工作要做，负责蒙藏维哈朝5个文版的杂志终审，还要开会、讲课，每个月都需要到少数民族地区出差。这就使我没有集中的时间进行写作，我每天凌晨5点起床，写作3个小时，然后去上班，晚上几乎从不去应酬，8点到10点是读书写作时间，只有在节假日里才能够有更长的写作时间。为何写了5年，大家现在应该明白了，因为没有整块的时间。

当有朋友得知我将写作工业题材的小说时，几乎所有人都劝我打消这个想法，因为工作题材小说读者少、发行困难，不会有出版社投资的。但是，我决定要做的事情就一定要做，不管结果如何，都要坚持下去。

这部小说历时5年，才全部创作完成。

二

从中国制造到中国创造

谈"中国创造"这四个字，今天可以引以为傲的，首先有"中国高铁""大飞机""量子卫星""最大天文望远镜"等世界顶尖级的成就。但是，在党的十八大以前，这四个字还没有众多带有标志性的符号能亮人眼目。

由"中国制造"到"中国创造"，中国企业大体上都走过了这样一条路径：贴牌—仿造—制造—创造。在制造业方面，体现中国创造的主要成就，就是许多名牌产品不仅在国内叫得响，也走向了世界。

我写的这部长篇小说《中国创造》，讲述的就是一个规模很小的制鞋企业从给外国贴牌到创立自主品牌，再到跨界经营，产品远销全世界的故事。书中的国梦集团的原型是青岛橡胶九厂，即后来的双星集团，而书中的主人公汪海洋的原型就是双星集团总裁汪海。

《中国创造》这部小说，有很多内容是虚构的，比如情节的设计、人物的刻画要符合文学性和艺术性的要求。关于长篇小说的写法，我今天不想多谈，而是针对中国工业的发展，回到中国改革开放的历程中来，以我的所闻、所见、所想来对中国改革开放40年做一个梳理和回顾。

我要围绕双星集团，以及其他大企业的发展路径，谈他们从贴牌起上当受骗，从创新到创品牌，克服各种困难，一路高歌猛进的故事。

（一）中国企业从贴牌、模仿、代销起步

贴牌，简单地讲就是"代工生产"。很多品牌不直接生产产品，只抓产品的上端和末端。上端抓技术、设计，下端掌控营销渠道。产品加工任务通过合同订购的方式委托其他厂家生产，之后将所订产品低价买断，并直接贴上自己的品牌商标。而只生产产品，没有经销权的生产行为，称为贴牌生产。

贴牌是企业没有自己品牌时的无奈选择。中国在发展初期，你不贴牌生产，就没有资金来源，企业很难生存，为了生存我们就要受制于人。因为品牌企业会把大部分利润归入自己的囊中，只留给生产企业极为微薄的利润。

贴牌生产的弊端，就是那种"吃不饱，也饿不死"的状态，却能使企业管理者产生惰性，按着定单生产，如同按方抓药，没有魄力、不思进取者，终有一天会在竞争中被淘汰。

用一个比喻来形容：品牌企业像旧时代的婆婆，加工企业是个受气的小媳妇，没有自主权和支配权，还要受品牌企业的利益压榨。

汪海第一次出国考察，发现了一个秘密：由于当时中美两国之间还没有贸易往来，好多鞋类产品出口完全依赖于日本的中间商。汪海发现，他们生产的鞋上标签标明6美元，这个价格让他一下子怔住了。他们做的鞋出口日本，定价是2美元，只是通过日本人倒一下手，中间商就从中赚取了4美元！汪海这时才知道，贴牌吃了好大的亏！

胸怀大志的企业家是不能做"千年媳妇熬成婆"这种等待的，要立刻着手"从奴隶变将军"，打一个漂亮的品牌翻身仗。

然而，创立企业自主品牌，必须要面对三大困境：钱！技术！市场！过了这三道坎，企业才能看到美好的未来。

由贴牌学到了技术，积累了资金，占领了销售渠道，冲出江湖的日子就指日可待了。

20世纪90年代初，中国企业刚刚走向国际市场时，欧洲人用"蛇与兔子的故事"来做比喻。

他们说："过去中国人到欧洲来做买卖，中国人是兔子，欧洲人是蛇。蛇吓唬兔子，兔子害怕得全身颤抖，迈不动步子了。今天，你们中国人来到这里，让我感到中国人是蛇，我们欧洲人成了兔子。"

说出这番话的是欧洲媒体的记者。他们之所以这么说，是因为在国际鞋业表演会上，他们看到了中国的胆识和魄力。

1992年9月13日，德国西部秋雨蒙蒙，第124届国际鞋业博览会在杜塞尔多夫市拉开帷幕。此次国际鞋业博览会，有52个国家和地区的1400余家公司参加，人流如潮，盛况空前。

在一个12米长、3米宽的小舞台上，中国传统音乐绕梁不绝，8位身穿华贵旗袍的模特儿，气质高雅地款款而行。她们脚上穿着摩登的高跟鞋，手里举着华夏民族从古到今的树皮鞋、绣花鞋、各朝各代的宫廷鞋等各种漂亮无比的鞋子表演，看得各国的鞋商眼花缭乱，不时发出赞叹之声。

接着还演出了幽默戏装哑剧《嫁新娘》，剧情是新娘临上轿前却找不到一双满意的鞋，一双一双地试，急得丫环们直打转儿，真是意趣横生，逗得人开怀大笑。

这是博览会上独一无二的鞋文化表演。这些美丽的姑娘们也不是从哪里请来的模特儿，全是公司开发部的技术人员，她们向人们展示的各种各样的鞋子，全出自她们自己的巧手。

这次鞋文化表演，可谓一招一式都独具匠心。它的目的很明确，就是向西方人展示中华民族几千年悠久而灿烂的鞋文化历史，以中国独特的宣传攻势引起西方人对中国鞋业的审美关注。

这次博览会上，双星一下子收到300多万双订单。也正是从这时起，这家名不见经传的小企业在国际市场上打响了自己的品牌。

一个品牌的诞生，与企业家的个性气质有直接的关系。

双星总裁汪海是军人出身，20世纪60年代曾参加抗美援越的战斗，他的口头禅是："想当年在战场上就没怕过美国人，在商战中更没有什么可怕的。"

2001年在上海举办APEC中小企业论坛时，组织者为了活跃会场气氛而别出心裁，给80位与会代表每人发了两张牌，一张是绿的，一张是红的。主持人提议道："同意做世界品牌加工厂的请举绿牌，不做世界品牌加工厂的请举红牌。"很多人未加思索地举起了手中的绿牌，也有少部分人举起了红牌。而汪海既没有举绿牌，也没举红牌，主持人在环视一圈后便好奇地走过来询问："您是想举绿牌还是举红牌？还是举棋不定？"

汪海举起双手坚定地说："我想举民族品牌！"主持人没有弄明白这句话的意思，紧接着询问了一句："民族品牌是什么意思？"

汪海看着主持人大声地说："民族品牌的意思就是坚决不做加工厂！"话音一落，会场上立刻响起了热烈的掌声。

我之所以用汪海为原型创作《中国创造》这部小说，就是因为他身上有着许多企业家没有的民族气节。

汪海是1988年4月国家经委授予的"首届全国20位优秀企业家"中的一员。也是在这次颁奖会上，中国企业的领军人物有了"企业家"的称谓，企业界习惯把这20位企业家称为"第一代优秀企业家"。

这次评出的20位企业家，只有汪海一人从1988年到现在还在做企业，经历了中国改革开放的40年历程。那么，有人会问，那19人都到哪里去了？我在这里告诉大家，有的人到行政部门去当了领导，有的人成了罪犯，有的人犯罪后逃到了国外，更多的人已经去世了。

汪海也有到行政部门任领导的机会，但是他放弃了。

（二）有些人沉浸于中国制造中

谈中国创造何其难，尽管全世界都知道中国制造，而且中国制造也的确让世界知道了中国，离不开中国制造，但一个国家要强盛，它一定不能够是制造者，而是一个创造体。为什么这样说呢？中国制造存在着几大问题：一是大而不强，自主创新能力不足，关键核心技术还是受制于人。比如，目前我们80%左右的芯片还是依赖进口，我们很多制造企业还处于加工组装这个环节，价值链还在中低端这个状况。

第二，品牌质量水平不够高。我们还缺乏国际上有影响力的大型跨国公司和品牌企业，而且质量事件也时有发生，我们急需把中国的品牌质量提升到一个更高的水平。

第三，产业结构还不尽合理。产业布局上，各地还存在同质化竞争，在产业链的中高端还要花大的精力去提升和突破，继续提高产业层次和核心竞争力。

第四，科技成果转化的渠道还不是很畅通。因为我们还没有真正形成以企业为主体、市场为导向、产学研用相结合的技术创新体系，要引导企业增加研发投入，瞄准国际的制造业高端来进行创造、创新、开拓，还有很多工作有待加强。

1. 要想从中国制造迈向中国创造，首先要由大变强

我们现在已经是全球制造业第一大国，也是第二大经济体，综合经济实力有了很大提升，但是我们在制造业上，大而不强的问题还是非常突出。因此，要提升产业层次，提高竞争力，在产业链和价值链的高端能够真正发挥作用，使我们的制造业，尤其是装备制造业实现由大到强的转变。

从主要措施来看，我们感到应该是围绕着绿色发展、智能制造、制造业创新中心、工业强基、人才为本这些方面做好工作。

2. 在制造业由大变强过程中，创新起到了特别重要的作用

对于创新，许多专家的理解就是提高它的竞争力、创造力和生产力。这话没有错，技术创新的主体是企业，要尽快形成以市场为导向、企业为主体、产学研用相结合的技术创新体系，真正围绕着产业链布置创新链，围绕着创新链安排资金链，那么最终的目的是提升企业在价值链中的位置。但是，我认为创新的关键是由眼光、格局和胸怀所决定的。

（三）企业的创新与发展

在计划经济时期，中国企业也强调要有创新和发明创造的精神，但是生产经营都是按国家计划进行，创新与创造基本是"雷声大雨点小"，喊口号的成分高于实际意义。

国家改革开放以后，全民族都打开了视野，才知道我们在科学技术方面被发达国家远远地抛在了后面。然而，创新与发明创造是引领经济发展的引擎，面对先进国家的各种新技术，我们中国人似乎只有崇拜的份了。

现在所有中国人都知道了创新的重要性，我这里想谈一点我个人的理解。

只有创新，才能使企业的垄断经营合理化！

习近平总书记说："更加自觉地把工作着力点放到加大创新驱动力

度上来"，中国创造其实就是技术创新、头脑智慧。无论是哪个行业，能获得最大利润的企业，一定是能够形成垄断的企业。在过去靠什么来实现垄断经营呢？靠的是资本的力量。

领先的技术如同给企业带来滚滚财源的印钞机，技术创新成为企业发展最重要的使命，也是打败对手的唯一手段。

小企业可以通过创新实现跨越式发展，大企业通过创新获得垄断式经营。

浙江省新和成股份公司上市时，曾作为深圳证券"中小企业板"第一股的面孔出现在人们的视野里。

原本是默默无闻的校办工厂，却成为中国第一大、世界第三大维生素生产商。他们靠的是什么呢？靠的是"乙氧甲叉"和维生素E生产的中间体"主环"这两个填补国内空白的产品。

1994年，胡柏藩在母校的协助下，历经千辛万苦，终于攻克了"主环"（生产维生素E的主要原料之一）的关键技术，并成功地生产出合格产品。但是，虽然产品带着他们的希望走出了生产线，市场的门却并没有因此而向他们打开。任凭销售员说破嘴皮，客户愣是不相信这是真的。

这时董事长胡柏藩再次挺身而出，来到上海第二制药厂。胡柏藩亮出身份找到了供应部门的负责人，告诉对方他们企业是生产国产"主环"的。不出所料，那位负责人一听是国产主环，立刻摇头说："中国能生产主环？不可能！"接下去就不肯听胡柏藩多说一句了。

看到供应科主管的这副样子，胡柏藩并没有生气，更没有气馁。胡柏藩想，干脆去见他们的一把手，这么一个大企业，它的一把手应该是有知识、有气魄、有胆识的人。于是，胡柏藩提出要见企业老总："我也是老总，知道当老总的时间宝贵，请你通报一声，给我两分钟介绍我们的产品，如果我同样说服不了你们老总，我立刻走人。"胡柏藩的语气和目光中透着坚定。

供应科这位负责人见胡柏藩如此坚定，而且人家毕竟也是公司董事长，只好给老总打电话。老总出于礼貌，派了懂业务的副总出面，但事先说好，会面时间只有两分钟。

两分钟，而且是一位副手，胡柏藩隐隐约约感到人家还是有些不信任他们。的确，主环生产一直被外国人垄断，中国人一贯自己瞧不起自己。你越是不信任我们，我们越是要拿出点真本事，如果连中国人都不能相信我们，怎么去与外国人竞争呢？

当那位副总出现在胡柏藩的眼前时，胡柏藩没有一句寒暄，他要遵守自己的诺言，只有两分钟呀！他迅速拿出样品，开门见山地说："进口原料的标准要改，熔点168℃—169℃应改成169℃—171℃。"

短短几十秒，仅仅两句话，那位副总心中吃了一惊，他重新打量了一下这位满身书卷气的年轻人，心想：看来他是个内行，不是个骗子。

胡柏藩自顾自地说下去："我们的产品就是这个质量，比进口产品还要高。"

这位副总听着笑起来说："这个产品我们要到日本去购买，而且小日本多一点都不卖给我们。从数据上看，你们的产品比日本人的还要好，而且送上门来。一是支持我们的民族工业是做企业的职责，二是可以不再受日本人的气，三是价格便宜质量又好，我们没有理由拒绝呀。"

两分钟，十分钟，半个小时……谈话一直在继续，那位副总早已忘了"只给两分钟"的约定。谈到最后，他抑制不住内心的兴奋，当即表示要派专人去新昌的新和成公司考察。

考察的结果当然与样品完全一致！这还不行，那位副总亲自来到新和成公司所在的新昌订货。当他再次与胡柏藩见面的时候，笑着说："当初我的确是有点不敢相信，那可是世界顶尖级的技术呀，谁敢保证你们没拿进口样品来骗我们呢！"

上海第二制药厂成为新和成公司的首家大客户，此后新和成能生产主环的消息在行业内不胫而走，北京第二制药厂、北京制药厂……国内厂家纷纷前来订货。

有人说现代社会还想"一招鲜、吃遍天"是不太可能的了。但是，如果企业没有这一招鲜，还怎么能咸鱼翻身呢？只有翻身了，才能有二招鲜、三招鲜、招招鲜——当然这不太可能，因为科学技术的发展太快了，可能还没站稳脚就已经被超越了。

说到技术创新，我们不能不提到华为。华为是中国企业创新的标杆。

目前中国企业整体的研发投入没占到GDP的1%，而华为的创新投资每年能达到收入的10%以上。华为2016年的研发投入为764亿元人民币，2017年投入120亿欧元，相当于1000亿人民币，位居全球第六位，第一位是德国大众，第七位是韩国三星。

华为的创新目标就是获得世界顶尖技术。目标清晰，人才和资金的大量投入，华为自然站在了世界移动通信的最高处。

2017年在巴塞罗那举行的世界移动通信大会上，华为有三项技术获得大奖——业界最高奖。（1）AAU（有源天线）基站解决方案荣获"最佳移动网络基础设施奖"；（2）NFV解决方案荣获"最佳技术使能"奖；（3）从LTE演进到5G"杰出贡献"奖。

世界移动通信大会自2006年开始一直在西班牙的巴塞罗那举行，移动通讯业互相告别时有一句流行语，叫"咱们巴展见"。2017年世界移动通信大会有2000多位参展商，到会的人数达10万人。

2003年华为首次参展时，还没有获得正式展位；到2016年，华为占据了最核心展位的近6000平米面积，成为面积最大、最耀眼的参展商；2017年，华为的展厅继续独占鳌头。中方记者来到会场，面对琳琅满目的展品、络绎不绝的客户和参观者，感到偌大的展厅仍显得十分拥挤，可见华为在国际化道路上的态势之强劲。

任正非曾有这样一段话非常引人深思："当前'天气预报'绝大多数都是美国做出的。美国不仅集中了大量优秀人才，而且创新机制、创新动力汹涌澎湃。我们要敢于聚焦目标，饱和攻击，英勇冲锋。敢于在狭义的技术领域，也为人类做出'天气预报'。"可以预见，华为将继续加大研发投入，向每年投入200亿美元的目标迈进。

第十二讲　中国创造与文化自信

创新不仅可以使企业名声大振，更可以让职工收益大增。我一位朋友的女婿只是一名普通的营销人员，2016年的奖金和股票分红是60万，工资是24万，总收入80多万。他们研发人员的工资，有的人是每月七八万元。央企、国企也不会比他们高。所以说，创新可以带来高效益、高收入。

（四）企业的"走出去"战略

中国企业"走出去"战略实施得比较早的是海尔公司。从1997年开始进入欧美市场，到2000年在美国、欧洲、东南亚、中东销售成功，海尔的国际化分为三部分，即销售国际化、质量国际化、生产国际化。

中国企业走出去，刚开始面临的最大问题是文化融合问题。最典型的案例是TCL进军欧洲市场陷入困境。

TCL 2002—2004年收购了德国施奈德、法国汤姆逊公司、一家美国渠道商。因为面临进入威胁、竞争威胁、卖方威胁和供应商威胁等不利因素，企业经营状况跌入谷底。

2004年度净利润同比下降56.9%，同时公司利润总额、股收益、净资产收益率同比下降78.63%、73.47%、20.71%。2005年亏损20亿元。

TCL并没有从跨国并购中获得应有的技术，也没有处理好海外并购面临的文化冲突。因为缺乏管理大型国际化企业的经验，TCL往往在完成交易以后才发现之前过于乐观，陷入进退两难的境地。

企业经过重组、瘦身、提高效率后，才在2007年扭亏为盈。

TCL国际化的出师不利，给后来想"走出去"的企业敲响了警钟，从战略、文化、管理等方面都做好充分准备，避免了重大失误。

（五）"中国创造"取得了可喜成果

近10年来，"中国创造"频频让世界惊喜。美国国家科学基金会

2017年初发布的《美国科学与工程指标》称，中国已成为不容置疑的世界第二研发大国。

40年前，邓小平访问日本，乘坐特快列车，他说中国也要造这么快的列车。现在中国的高铁遍布世界。

2015年2月3日，"蛟龙"号载人潜水器正式入水下潜。

"华龙一号"国产化率达到85%以上，绝大部分关键设备完全可以立足国内生产，中国已经成为世界上举足轻重的核电强国。

国产C919客机在上海浦东机场成功首飞，国人振奋。

港珠澳大桥全长55公里，是迄今为止世界上总体跨度最长的大桥，钢结构桥体最长、海底隧道最长的跨海大桥，开创了世界桥梁建设领域多项第一，被英国《卫报》称为"现代世界七大奇迹之一"。

文化自信就是人生自信

什么是文化？钱穆先生认为："文化就是人生，但那些所谓的'人生'，并不指我们个人的人生，而是指的'群体'的人生。人生是多方面的，一个社会乃至一个民族、一个大团体所包有的多方面的生活，综合起来称人生，也就是文化。"（钱穆著《中华文化十二讲》）

楼宇烈在《中国的品格》一书中说："什么叫文化？从一般意义上来讲，文化就是人类创造性的实践和理论的结晶，它包含着一个民族的价值观念、思维方法、生活样式和信仰习俗等。"

这两位国学大师对"文化"一词的定位有互补性。钱穆先生的观点是概括的、宏观性质的。相比之下，楼宇烈先生的观点更为具体，指向性更为明确。

我则认为"文化"一词包括了人的一切精神生活。一个民族所体现的价值观、思维方法、信仰信念能够与时俱进，并引领物质生活走向更加文明、更加协和美好，这种文化就是先进的文化，反之则是落后的文化。

中国文化历经5000年而不衰，就说明我们的文化一直在淘汰落后的东西，在不断丰富和完善的过程中形成国家发展的动力，使我们的文化越来越被更多的国家所认同、接受。

原全国人大副主任、著名学者许嘉璐曾说："人类历史上有四大古文明，分别是两河流域文明、埃及文明、印度文明和中华文明，前三种文明都断裂过，唯有中华文明一脉相承，从未间断。""优秀的传统文化与时代精神相结合，是中华文化发展的重要途径。""中华文化的核心就是伦理观、价值观、世界观。"（许嘉璐著《中华文明是唯一未中断的文明》）

伦理观：忠孝、仁爱、信义、和平，礼教，即仁义礼智信。

价值观：修身、治国、平天下。

世界观：唯物主义。

中国现实社会的背景下，把文化自觉、文化自信、文化自强作为中华民族伟大复兴时代文化建设的主导方向。

文化自觉：对文化发展规律和趋势的正确把握，对文化发展的责任主动担当，包括自我觉醒、自我反省、自我创建等内涵。

文化自信：对理想、信念学说以及文化传统发自内心地尊敬、信任和珍惜，对社会价值体系信奉和坚守。

只有对自己的文化有坚定的信心，不自轻自贱、妄自菲薄，我们才能在与西方文化的交流中保持镇定从容、不卑不亢，才能以包容的气度对待西方文化，理性批判并学习借鉴西方文化，才能不断创新中华文化并将之传播开来。

文化自强：通过文化建设产生的力量，走出一条具有中国特色的文化强国之路。

习近平总书记在十九大报告中指出："文化自信是一个国家、一个民族发展中更基本、更深沉、更持久的力量。"

这段话明确指出，实现中华民族伟大复兴的精神支撑，来自于文化自信。坚持文化自信，就能带动经济发展，带动中华民族整体意识的提升。这不是一句空话，文化产业的GDP已经给出了非常亮眼的数据。最近几年文化产业平均增速达15%，比同期国内生产总值高出一倍多。（刘云山著《文化自觉、文化自信、文化自强》）

如果我们有更多顶级的科学技术支撑文化产业的发展和优秀文化的输出，文化自信所产生的力量会更大，中华民族对世界的影响也会越来越大。

中国文化及文化强国这个话题所涉及的问题非常广泛，我这里只从我个人的理解谈三个方面。

（一）坚守、传播经过岁月考验的优秀文化

人们常说"实践是检验真理的唯一标准"，什么才是锻打优秀文化的熔炉？我认为是岁月的风霜雪雨。

如果有人将刚刚兴起的新的文化形态定义为优秀文化，是没有人相信的，也不会产生影响力。因为人们首先会问，这是什么东西，经过验证了吗？

人们不会轻意接受没有经过验证的任何一种东西。文化自信，先有文化后有自信，我这里还要举北京同仁堂的例子，来谈谈对优秀文化的坚守与自信。

同仁堂有两句古训几乎人所共知，因为每家店的门旁边都有两块匾写着这句话："炮制虽繁必不敢省人工，品味虽贵必不敢减物力。"

这两句话来自同仁堂第二代掌门乐凤鸣编写的《同仁堂虔修诸门应症丸散膏丹总目》（简称《同仁堂药目》），这两句话使同仁堂与当时国内著名的30多家药店区别开来。药店是以"挣钱"作为经营目标的，而同仁堂却将质量和社会效益作为第一目标。这其中的两个"必不敢"

成为同仁堂的核心价值观，规范了历代药工的行为和理念。

海尔创始人张瑞敏2005年创立"人单合一"管理模式，让员工通过为用户制造价值来实现自身价值。这个管理模式运行了12年，使海尔的绩效逐步提高，也证明了这一管理模式从时代性、普适性再到社会性的引领性特征。

海尔在收购过程中，通过"人单合一"模式，成功帮助美国通用家电业务、日本三洋电机冰洗业务、新西兰斐雪派克这些传统老牌大企业走出困境，重新焕发了活力。

"人单合一"模式，何以产生如此大的魔力？张瑞敏说，根本原因在于这个模式的本质是让每一个人发挥自己的价值。海尔希望打造一个"沙拉式"、融合多种文化于一体的体系。"西餐的沙拉，就是各种蔬菜保持原来的形态，每一种蔬菜代表一种文化或者一个国家的生活方式，但沙拉酱是一样的。海尔就是要保留各个国家的文化特色，沙拉酱就是'人单合一'，用它把大家融合在一起。"

我们中华民族文化经历了5000年不间断的发展和变革，有很多文化品质已经打上了深刻的中华烙印，比如中国功夫、中国经典著作、书法与绘画等，这些文化精髓的广泛传播，需要社会各界加以重视，并以具体的方式让世界人民所接受。

（二）摒弃"文化不自信"的精神束缚。

钱穆先生所定义的文化概念，即文化是指'群体'的人生，那么每个人都是文化载体，也有传播文化的社会职能。但是，从狭义的角度讲，文化传播、文化自强的主要载体是文化人。

文化人肩负文化自强的重任，首先要有文化自信，但是以逆向思维的方法来分析文化人的现状，则到处都充斥着文化不自信的现象。

如论文抄袭、论文代笔的现象比比皆是。文学艺术作品的模仿、抄袭现象也非常严重。这一点在学校尤为严重。

比如一个叫郭敬明的，所著的《梦里花落知多少》剽窃庄羽的

《圈里圈外》，被北京一中院、高院判决赔偿原告庄羽经济损失20万元人民币。

2014年琼瑶起诉于正侵权。北京三中院、高院判决《宫锁连城》侵犯了《梅花烙》的改编权，认定其人物关系及情节来源于《梅花烙》，令其停止传播，赔偿原告500万元人民币。

这两个案件给我们的启示是法律是公正的，能够维护受害者的权益。

但是，结果是怎样的呢？

郭敬明照样不减偶像的光环，出书、拍电影，继续赚钱，一分钟不耽误。于正照样当他的制片人、编剧，一年推出十几部戏，许多人给他投资。

这说明了什么？说明我们社会道德的缺失、文化的品格低下，已经到了相当严重的程度。如果社会对抄袭、复制他人作品的现象不给予更大的约束力度，不能做到人人抵制，文化自觉、文化自信就是空谈，这样又何来文化自强！

（三）"文化不自信"束缚从何而来

1. 来自于中国近代史上受西方列强、日本帝国主义的精神奴役

"甘心为奴"的思想意识已经潜入某些人的骨髓。一部分中国文化人的傲骨、志气已经丧失殆尽，这也意味着我们传统文化的丢失，如果我们的北语校训他们都能够记住，就不会出现像郭、于这种人啦。

2. 在金钱面前丧失了人格

一些人只要能得到名利，就豁出去了，什么道德品质、文人的节操都抛到脑后去了，不惜作为"强盗"去掠夺他人的文化成果。

这里我与大家谈一个日本学界的造假事件。2014年8月，日本细胞学教授笹（刡）井芳树在办公室走廊上吊自杀，原因是其下属研究员小保方晴子发表在《自然》杂志上的论文造假，并被撤回。笹（刡）井芳树因此事震惊日本整个科学界而身心俱疲，最后选择自杀而亡。

这则消息我是从网上看到的，对于这个教授的死因也众说纷纭，直接原因到底是什么不得而知，但有一点可以肯定：因为弟子学术造假，他作为老师应该承担责任，正因为承受不了巨大的心理压力，他才选择了自杀。

文化强国，既要摆脱"不自信"的束缚，也要铲除违背道德、道义、人格尊严的"毒瘤"。

（三）青年要肩负文化强国的重任

今天来的都是年轻有为的学生。我特别想跟大家说，今天是我们的毛泽东主席诞辰124周年。今天我们更加怀念他老人家，因为他对年轻人说过一句话。60年前，1957年11月17日，在莫斯科大学，数千名中国留苏学生和实习生从四面八方赶来，期盼着毛主席的接见。毛主席一开头就对留学生们说："世界是你们的，也是我们的，但是归根结底是你们的。你们青年人朝气蓬勃，正在兴旺时期，好像早晨八九点钟的太阳。希望寄托在你们身上。"他还教导同学们说："青年人应具备两点，一是朝气蓬勃，二是谦虚谨慎。"我今天再加上一句：老老实实做学问。为什么这样说，因为希望在你们身上，国家的未来在你们身上，你们应该怎样做呢？

无论是讲中国创造还是文化自信，归根结底是讲德才兼备，把精力集中在事业创新上、读书精读上、德行规范上，成为对国家、对民族、对家庭有所贡献的人。

英国人类学家泰勒在《原始文化》一书中关于文化的论述有较深远的影响。他说："文化或文明，就其广泛的民族意义来说，乃是包括知识、信仰、艺术、道德、法律、习俗和任何人作为一名社会成员而获得的能力和习惯在内的复杂整体。"

任何人从出生就带有本民族的文化印记，就承接了前辈的文化意识、观念和行为方式。

中国建设文化强国的路径是：从文化自信过渡到文化自强，从而实现文化强国。

文化自强分为两部分内容：一是每个人的文化自强，二是整个国家的文化自强。

在国家层面，要使民族具有强大的吸引力、创造力、竞争力。对个人而言，就是要树立正确的伦理观、价值观、世界观，增强个人的文化修养，提升文化品位。

古代儒家强调君子慎独。《礼记·中庸》中讲："君子戒慎乎其所不睹，恐惧乎其所不闻。莫见乎隐，莫显乎微，故君子慎其独也。"

意思是说，懂得道理和规则的人在没人听见、没人看到的地方，仍时刻保持戒慎恐惧的状态，即便是细微之处也不违背原则，所以修行到一定境界的君子就会非常慎重自己的每一个想法和动念。

国家要建设文化强国最显著的成就就是文化输出。

现在世界各地都有孔子学院来传播中国的汉字文化、传统文化，有越来越多的企业输出企业文化。

从文学艺术的层面看，在莫言、刘慈欣、曹文轩等接连获国际文学大奖后，文学作品"走出去"也呈现了良好的势头，电影、戏剧也在一些国家获得好的评价。但是，与我们5000年的文化、文明相比较，文化输出的规模还是很小的，实力也是比较薄弱的。

今天是来到北京语言大学，我一定要讲讲翻译和文化输出的故事。

外交部一位翻译，陪同来自美国的朋友去游览天坛。中国的公园都有很长的简介，他发现这位外国朋友一边看着公园的英文简介，一边摇头。这位翻译问："需要帮助尽管说，不要客气。"这位美国朋友摇摇头说："我一点也没看懂，这上面写的是什么意思？"

这位翻译看了看简介，发现的确有些问题："天坛公园始建于明成祖永乐十八年（公元1420年），是明清两代皇帝祭祀天地之神的地方。天坛共占地270万平方米，规模宏伟，富丽堂皇，是中国现存最大的古代祭祀性建筑群。它以严谨的规划布局，奇特的建筑结构，瑰丽的建筑装饰著称于世，不仅在中国建筑史上占有重要位置，也是世界建筑艺术的珍贵遗产……"

读着这个英文简介,翻译明白了,简介的英语完全是中国式的,也就是用中国人视觉去翻译的,写法上也是中国散文式写法,有美感,有故事性,但这样的简介让不太了解中国历史的外国人来读,当然是一头雾水。这位翻译用英语介绍景点的约定格式,向这位美国朋友介绍了有关天坛的历史及可以感受到的不同于其他地方的独特之处。这位美国朋友听了他的介绍后很高兴,觉得来这里游览很有意义。

事情虽然过去了,但这位翻译想,天坛是北京非常著名的景点,英文简介竟然让以英语为母语的人看不懂,其他不特别有名的景点,遇上母语不是英语的外国人,想看懂岂不更是难上加难!看来景点的翻译需要改进。这位翻译便做起一件事,即以"外国人为本"翻译简介。他家住北京植物园附近,便为牡丹园的简介重新做了翻译。

中文是这样写的:牡丹园的设计采取自然式手法,因地制宜,借景造园。园内植物栽培采用乔木、灌木、地被、复层混交,疏林结构,自然群落的方式,又以原有油松为基调树种,古老树木的保留为该园增添了古朴高雅的情调。园中的建筑和小品富于变化,如"群芳阁""鸳鸯亭""牡丹壁",以及斜卧花丛的"牡丹仙子"雕塑,均与自然融为一体。牡丹园的设计曾荣获国家设计银奖。

这位年轻翻译的视觉是以"外国人为本",是以外国人的视觉进行翻译的,而不是以中国人的视觉来翻译,只有用这样的"视觉"进行翻译,外国人才能看得懂。这件事让我明白了一个困惑良久的问题:为何我们的中文著作翻译到国外去外国人都看不懂,原因就是翻译人员都是中国式的,是以中国人的视觉进行翻译的,这是很长时间我们的文学作品走不去的原因。

(四) 文化自信要切合实际——领先半步永远不败

一个人是否有文化自信,来源于三个方面,一是有文化背景支撑,二是有非常强大的自信心,三是要切合实际。

为什么这样说？一个人缺少文化，再聪明也是井底之蛙，新的知识、新的世界你都不知道，只靠爹妈给你的聪明脑袋，维持不了多久。我们为什么要上大学、读研、读博，还不是为了有文化、有知识、有素养，这些是地基，只有在地基上才能盖高楼大厦。有了文化，就信心满满，这自信心源于文化背景的支撑，当你心里有了许多方案和成功的案例，你就会从中寻找出适合你的方法和方案，成功的概率将为80%，那么剩下的东西就是切合实际了。有知识文化，有自信心，但一切不从实际出发，不切合实际就会碰得头破血流。

最后在我讲课结束的时候祝福同学们，利用好北语这块金字招牌，既有文化自信，又要名副其实，既要以创新的态度面对人生、面对未来、面对新的生活，又要有与时俱进的超前意识，记住：领先半步，永远立于不败之地。

谢谢大家！

互动环节

问：老师您好，谢谢您这两个小时给我们带来这么精彩的一场讲座，听完您的讲话，我有两个小问题想问一下。第一个您要求我们从一开始的时候就要创新，特别是文化创新，但是您在第一个环节结束的时候又告诫我们要循规蹈矩、恪守规矩，我觉得这样的话不就有点矛盾了；第二点就是您说，做学问、写论文，肯定是要原创，要有自己的观点，但是我们在这个过程中，肯定是要找大量材料，也会阅读很多的参考文献，包括借鉴别人的观点、理论等，这些都是需要的，您认为怎样做才能是借鉴而不是抄袭？

答：我先回答您第二个问题。包括我在内，任何人在写东西的时候，都是要读古书、古诗、古文，比如小学生学书法，要从描模子开始，然后再临帖，从临帖到形成自己的风格，这是一个蜕变。我们有一个军队的书法家，他写的字体特别像郭沫若的，人称"小郭沫若"。大家又都说你学得再像你也叫"小郭沫若",要求他变,后来他成为书法家。变是很痛苦的,他要走进帖里,最后要走出帖外,大师永远是从贴里走出帖外的,而一般的匠人永远是走进书里而走不出来的,这是第一个概念。

第二个,我们写论文的时候,一定要参考大量的资料,比如说你写一篇文章,这篇文章所有的字和词,在字典里都能找到对吧,都是人家的,但是你要把这些字和词组合成你自己的东西。这里一是心态,首先,我是不是要写自己的东西;第二,人家的东西是可以借鉴的,我们不是说不可以借鉴,论文借鉴的比例在20%以内是可以的,超过了20%是不行的,像刚才我讲到的那篇文章,抄了7个人的文章组合成一篇文章是不可以的,你可以借鉴别人的观点,你是不是通过学习别人的观点然后拥有了自己的新观点,这就是你的创新与创造了。比如说在我们任何作品当中,都会有别人的影子,但是你不应该成为别人的影子。比如说沈从文的东西,人家一看到最后就知道这一定是沈从文的,为什么?因为他形成了自己的风格。所以我希望各位是借鉴别人的风格,而不是抄袭,希望你们在借鉴当中能够脱胎换骨,形成自己的风格。

第二个问题是你的第一个问题,就说前面我说的要遵守道德规范,然后我又要求你创新。首先,创新是建立在什么基础之上?是建立在你贴牌、仿造、制造基础之上的。比如说我做一件衣服,我想设计成新的品牌,那我一定是请师傅先教我画线、裁剪,按照师傅教的循规蹈矩地做好,你要有这个基础。就像小孩在学跑之前,要先学趴、学坐、学爬、学站,然后再学走路,然后才能跑。这一定是先有规矩,然后才能有自己的创新。在规矩之上的破坏才是创新,没有规矩上的破坏你就不是创新。就像我说临字帖你走不出来你永远是别人,你走出来了那你就你。你们学习专业,到最后的论文一定有老师的心血,有你从中借鉴的东西,但更多的应该是你对这篇论文的心得以及你创新的部分。所以做人应该先做好人,再说做好事。当官也好、当兵也好、做事也好,把人做好了,把基础打好了,上面才能盖高楼。

问：老师好，听了您刚才的讲座以及对刚刚那个同学问题的回答，我有一个小的问题想请教您一下，就是现在我们有些大学生，一般来说希望去了解一些比较现代的东西，同时我们也想在了解中国传统东西的同时，接触一些西方传统的东西。我觉得现在可能因为我们掌握的知识不够多，所以想汲取一些东西，又不能静下心来，一点一点地寻找一些背后有内涵的东西，所以在这里想请教一下，老师在这方面有没有什么相关的经验或者小故事可以分享一下。

答：你提的问题挺专业，其实在大学的时候，老师就是教你一个方法，就像我曾经说过的，任何一所大学是教不出作家来的。为什么？作家一定有社会实践，有实践的作家才能够写出好的东西来。你说读中国和读西方的作品，中西方如何贯通，是不是这意思？我认为在大学的时候一定要广泛地涉猎，而不要求精到一处。因为我们现在不知道你毕业以后要做什么，过去我们说从某个专业毕业了，学医就要去当医生，但是中国的现状是就业时并不是专业对口。所以我建议在大学的时候，除了读好自己的本专业外，要研修一两门与你本专业反差比较大的学问。就像我刚才说的，我为什么要把文修班搬到广州去，这就是差异性。差异会刺激你学习，比如说你学语言，我能不能再学一个电脑设计，这走到社会都能用上。所以我建议在大学的时候，不要死抱着一个专业，非要把一门学问弄得多深多透。第一不可能，第二你没那么多时间。要多读一些书，多学一些知识，特别是西方的文学、历史、经济，尤其是经济学和法律方面的，学好以后真的很有用。

我给你举个例子，当年蒋介石在台湾，想为什么败给毛泽东了呢？最后得出一个结论，说他自己是学军事的，而毛泽东则是北大图书馆管理员，是一个小书童而已，没上过军事学院也没拿过枪，自己却输给了毛泽东，为什么？他说了一句非常经典的话：我学过军事，军事比他强，古文方面和毛泽东也都差不多，败给毛泽东是因为他懂哲学，我不懂哲学。一个政治家不懂哲学，你就败了。我认为一个学生现在最主要的不是死扣一门功课，而是要广泛地去学一些别的知识。就像我说一个编辑一定是一个杂家，因为你编辑的作品可能涉及各个方面。

问：老师您好，我觉得文化自信是一个挺复杂的事情，它不仅需要我们青年对中国文化有自信，我觉得从另一方面来讲，国家也要有一种自信，我们如何让国家有自信开放的心态呢？

答：我来回答你关于国家的自信问题。国家是什么，是由我们每一个人组成的。我为什么说让年轻人自信，退了休的人也可以自信，但是我觉得更强调的是年轻人自信，因为你们是未来，你们很有可能会当总理、部长或更大的官，即便是当小官，你们的自信就支撑一个国家的自信。如果我们的领导都不自信，那习主席为什么自信，因为他一个人自信不行，他要所有的领导、干部都要有文化自信。中国有几千年的文化，比如说我们的唐诗、宋词、戏曲，这就是文化自信。我们国家的自信，来源于我们领导者的自信、我们人民的自信，因为国家的自信是建立在我们大家的自信之上的。如果我们都不自信，我们国家怎么自信。

为什么清华、北大或者说北语的学生，会觉得我们是一流的大学，这种自信源于什么？是历史造成的。历史是什么，是每一个人堆积起来的，是因为它出了那么多好的作家、科学家、领导者、校友。所以国家的文化自信，寄希望于我们青年人文化自信的提升、道德水准的提升，这样才能使我们的国家自信、自强，然后变得强大。

谢谢！

后记

　　结集出版嘉宾讲稿是我们的一个夙愿。自"'中国道路'大讲堂"高端系列讲座开办以来，多位学界、政界大家莅临北京语言大学，为全校师生献上一次次学术盛宴，开拓了师生们的视野，也丰富了"小联合国"的校园文化。重温这些讲座，感觉是再一次的聆听，又一次的对话。出版集册能让更多的读者有机会分享这份精神大餐，可以说是一项特别有价值的工作，也是一件令人期待的事情。

　　成书之际，满怀感激之情。

　　感谢北京语言大学历届校领导的重视、指导和鼓励，学校原党委书记李宇明教授提出了"'中国道路'大讲堂"的理念和总体设计，委托马克思主义学院和国际关系学院共同落实完成；现任党委书记倪海东教授为继续办好大讲堂提出具体指导意见并亲自为本书作序。感谢校党委宣传部、教务处、科研处电教中心等部门从宣传、经费、管理等方面给予大力支持。感谢每一次精心组织学生听课的汉语国际教育学部、人文社科学部的领导和老师。感谢一起为大讲堂顺利举办、为本书按时出版而无私付出的学校马克思主义学院的全体同事们。

　　特别感谢国际关系学院贾烈英院长、金彪老师，感谢国别与区域研究院罗林院长，感谢新闻传播学院郭之恩老师，他们为大讲堂的成功举办、有效传播和书籍出版付出了更多的心血。

感谢肖隆飞、金志晟同学的特别付出。还有以下同学：刘武、郝有龙、李畅、曹国良、袁广慕、李佳斌、钦浩、周明明、西蒙、牛亚伟、周立鹃、韩宜汝、廖燕、郭鸿玮、丛屹冉、程方圆、贾茹愿、毛丹、董佳琳、冉鹏飞、朱隽、倪文静、崔梓晴、努尔古丽、刘中原、夏若桐、韩伟、赵鲲、张磊、方立博、高晓兰、李乾坤、王婷婷、潘登鑫等。讲座海报的设计印刷、嘉宾的联络接送、会场的预定布置、文稿的整理校对等诸多环节事无巨细，都由他们出色地完成。

最后，隆重感谢各位主讲嘉宾，感谢你们的信任，由我主编这本著作，我满怀虔诚和敬畏，把这份沉甸甸的书稿奉献在读者面前。

丁文阁
2018年1月24日于新综合楼